Reiner Engelmann

Anschlag von rechts

REINER ENGELMANN

ANSCHLAG VON RECHTS

 Dieses Buch ist auch als E-Book erhältlich.

Für meine Enkelkinder
Paul, Lior, Lionid

MIX
Papier aus verantwor-
tungsvollen Quellen
FSC® C014496
FSC
www.fsc.org

Verlagsgruppe Random House FSC® N001967

1. Auflage 2017
© 2017 cbj Kinder- und Jugendbuchverlag
in der Verlagsgruppe Random House GmbH,
Neumarkter Straße 28, 81673 München
Alle Rechte vorbehalten
Umschlaggestaltung: Geviert Grafik & Typographie
Umschlagmotiv: Shutterstock (Ansis Klucis, Neil Lang, Thomas Jasinskis)
kg · Herstellung: AJ
Satz: KompetenzCenter, Mönchengladbach
Druck: GGP Media GmbH, Pößneck
ISBN: 978-3-570-17437-1
Printed in Germany

www.cbj-verlag.de

Gewalt bedroht unser Menschsein.
Arno Gruen

Ich weigere mich, ohne Hoffnung zu sein.
Nadine Gordimer

Inhalt

Teil 3 – Im Namen des Volkes

Vorab

Dieses Buch beruht auf einer wahren Begebenheit. Die Tat, die hier beschrieben wird, wurde so tatsächlich verübt. Taten wie diese gab und gibt es viele in Deutschland.

Die betroffenen Geflüchteten habe ich in langen Gesprächen befragt, jedoch habe ich ihre Namen und auch Teile ihrer Geschichten leicht verändert, um sie zu schützen.

Der Kern von dem, was sie mir anvertraut haben, wird hier jedoch wiedergegeben.

Durch meine Recherchen zu dem Fall habe ich auch tiefe Einblicke in die Psychologie der Täter und ihrer Familienangehörigen gewonnen. Die im Buch beschriebenen Innensichten beruhen auf meinen Beobachtungen bei den Gerichtsverhandlungen sowie auf Analysen der Täteraussagen. Sie kommen der Realität also nah, können dieser aber nicht vollständig entsprechen, da ich leider keine Möglichkeit hatte, mit den Tätern und den Familienangehörigen zu reden. Ihre Anwälte haben eine Kontaktsperre verhängt. Die Namen habe ich ebenfalls geändert.

Reine Fiktion sind die Anwälte, deren Handeln ich mit sachkundiger Unterstützung auf der Grundlage immer neuer Erkenntnisse zum Tathergang konstruiert habe.

Fiktion und Realität greifen ineinander über, geben einen tiefen Einblick in die Gedankenwelt von Tätern und vermitteln Ursachen dafür, warum Menschen ihre Heimat verlassen, um in einem anderen Land, in diesem Fall Deutschland, Schutz für das eigene Leben und das der Familie zu suchen.

Prolog

Für den 18. Januar hatten sie zur traditionellen Grünkohlwanderung eingeladen. Das Datum war bewusst gewählt, wird es in ihren Kreisen doch nach wie vor als Gedenktag zur deutschen Reichsgründung gefeiert.

Sie trafen sich außerhalb des Ortes auf einem Wanderparkplatz. Von dort liefen sie über einen Höhenzug, auf dessen Gipfel ein Turm scheinbar bis in den Himmel ragte. Sie bestiegen ihn und genossen nach der einen Seite den Blick über die Wälder, die sich bis zum Horizont erstreckten, und in der anderen Richtung sahen sie hinunter ins Tal. Natur pur. Rundum.

Nach einer Teepause führte ihr Weg sie weiter, vorbei an bizarren Felsgruppen, an heidnischen Kultstätten aus vorchristlicher Zeit bis hin zum nächsten Etappenziel, dem Thingplatz, der zwischen 1933 und 1936 von den Nationalsozialisten als Freilichttheater und für Aufmärsche errichtet wurde, aber nie deren Vorstellungen nach ausreichend genutzt wurde. Einige Teilnehmer hegten den Wunsch, diesem Ort nun endlich die Bedeutung zukommen zu lassen, für den er einmal von den großartigen Vorbildern jener Zeit vorgesehen war.

Von dort traten sie, nach wilden Schneeballschlachten, ihren vorerst letzten Weg an: zu einem Gasthaus in der Region, in dem sie angemeldet waren. Bei Grünkohl und Korn freuten sie sich über diesen Tag.

»Deutsches Land, deutsche Natur, durchwandert von deutschen Männern.« Mit diesen Worten begann einer der Teilnehmer nach dem Essen eine kurze Rede. »Wir wollen dieses Land sauber halten. Erinnert euch an diese Natur, an die klare Luft! Noch nicht verpestet von jenen, die nicht hierhergehören. Hier ist die Natur noch rein und so soll sie auch bleiben, Kameraden!«

Lauter Beifall.

»Ich freue mich, ein paar neue Gesichter zu sehen. Das ist gut! Auf euch kommt es an! Jeder, der bei uns im Aktionsbündnis Hermannsland mitmacht, ist mehr Wert als ein vertrottelter Wähler, der alle vier Jahre bei irgendeiner Partei sein Kreuz macht!«

Wieder tosender Beifall.

»Und deswegen, Kameraden, soll jeder von euch entscheiden, welchen Beitrag er zur Reinhaltung Deutschlands leisten wird. Wir müssen aktiv werden, es ist an der Zeit!«

In Tischgruppen saßen sie noch lange zusammen, tranken Bier und Korn und planten die nächsten Aktionen. Einer der Neuen hatte eine Idee, die er vortrug. Man nickte, klopfte ihm zustimmend auf die Schulter und prostete ihm zu. So viel Zuspruch hatte er nicht erwartet. Nun stand er im Wort. Er wurde gebraucht.

Vorboten

Es war eine kalte Frühlingsnacht. Regen hatte eingesetzt, der von einem heftigen Wind durch die Straßen gepeitscht wurde.

Er zog sich die Kapuze seiner Jacke weit über den Kopf, sodass sie auch Teile seines Gesichtes verdeckte, als er hinaus auf die Straße trat. Das half. Gegen den Wind. Er wollte auch nicht erkannt werden.

Seinen Plan hätte er verschieben können. Auf eine laue Frühlingsnacht. Aber er war niemand, der Vorsätze so leicht aufgab. Außerdem stand er im Wort. Den Kameraden hatte er beim Grünkohlessen versprochen, es zu tun. Nun war es so weit.

Er befühlte noch einmal seine Jackentasche. Es war alles da, was er brauchte.

Für den Weg bis zum Zielort brauchte er fünf Minuten. Diesen Ort fand er für sein Vorhaben strategisch wichtig. Das hatten auch die Kameraden gesagt. Von diesem Ort, der Bushaltestelle, fuhren täglich viele Menschen zur Arbeit oder zur Schule in die Kreisstadt oder zu anderen Orten in der Region. Außerdem lag sie direkt neben dem Haus, in dem die Gemeinde Asylbewerber untergebracht hatte. Diesen Ort hatte er ausgewählt, um seine Botschaft anzubringen. Einzig der starke Wind könnte seinen Plan noch durchkreuzen. Das Wartehäuschen hatte jedoch neben einer Rückwand auch zwei Seitenwände, die ihn schützen würden.

Nachdem er angekommen war, schaute er sich kurz um. Zu dieser Zeit war niemand mehr auf der Straße.

Er zog die Sprayflasche aus der Jackentasche und führte aus, was er zu Hause viele Male geübt hatte. Als er fertig war, trat er ein paar

Schritte zurück. Das diffuse Licht der Straßenlampe reichte aus, um sein Werk zu begutachten. Es war ihm perfekt gelungen. Groß, rot und zentral hatte er seine Botschaft auf die Innenseite der Rückwand der Bushaltestelle gesprüht.

Am kommenden Morgen war er einer der ersten am Ort. Nicht zufällig. Auch er musste, wie viele andere, mit dem Bus in die Kreisstadt. Bislang kam er immer gleichzeitig mit dem Bus an der Haltestelle an. Er mochte es nicht zu warten. Anders an diesem Morgen. Er wollte beobachten, Reaktionen einfangen.

Empörung, Kopfschütteln, damit hatte er gerechnet. So kam es auch. An diesem Morgen. Bei seiner nächsten Fahrt drei Tage später kamen noch ähnliche Reaktionen. Nicht mehr so heftig. Drei Monate später war das Hakenkreuz so etwas wie ein Bestandteil der Bushaltestelle geworden. Niemand mehr machte eine Bemerkung, niemand schüttelte mehr den Kopf, niemand ließ es entfernen.

Er freute sich über diesen Erfolg.

Wenige Wochen nach jener verregneten Frühlingsnacht machte sich ein weiterer junger Mann im Schutze der Dunkelheit auf den Weg. Auch er hatte eine Mission zu erfüllen. Auf verschlungenen Wegen hatte er Kontakt zu dem Mitglied einer Partei bekommen, von der er schon gehört hatte, aber bislang niemanden daraus kannte. Bis jemand von dieser Partei herausgefunden hatte, dass er an seinem Heimatort den »Club 18« betrieb. Das Parteimitglied hatte zwar keine Vorstellung davon, was sich hinter diesem Klub verbarg, allein die »18« war für ihn ein Zeichen. Sie trafen sich, tauschten ein paar Informationen aus, und er ließ sich darauf ein, für diese Partei Flugblätter zu verteilen, in denen ausdrücklich gegen die »Asylantenflut« Stellung bezogen wurde. Sie sollten in P. verteilt werden, weil es dort schon Asylanten gab und wahrscheinlich noch mehr aufgenommen werden sollten. Vereinzelter Protest war schon laut geworden.

An jenem Morgen fanden viele Bürger in P. diese Flugblätter in ihrem Briefkasten. In den nächsten Tagen und Wochen hielt er sich öfter in Geschäften und Gaststätten in P. auf. Er wollte herausfinden, ob und wie man über die Flugblätter redete. Aber er konnte nichts feststellen. Auch dann nicht, als er zum zweiten und dritten Mal die Briefkästen mit diesen Informationen versah. Es gab keinerlei Aufschrei in der Bevölkerung, niemand hatte die Presse informiert. Weder der Bürgermeister noch der Pfarrer.

Er war zufrieden.

Was diese beiden jungen Männer nicht wussten:

Zur gleichen Zeit machten sich Menschen aus verschiedenen Ländern auf die Flucht. Sie verkauften, sofern sie noch Zeit dazu hatten, ihr gesamtes Hab und Gut, vertrauten ihr Schicksal Schlepperorganisationen an und hofften, sie würden von ihnen in sichere Länder gebracht werden. Denn dort, wo sie lebten, war ihr Leben in Gefahr. Um sie herum herrschte Krieg, Terror bedrohte sie, oder sie waren in ihrer Heimat nicht sicher, weil sie sich für Freiheitsrechte einsetzten.

Niemand von ihnen wusste, ob sie jemals lebend ein sicheres Land erreichen würden, das ihnen ein Leben ohne Angst ermöglichte. Weder die vierköpfige Familie aus Afghanistan noch die aus Pakistan, weder die Eltern mit ihren drei Kindern aus Syrien noch der Jugendliche, der vor dem Krieg aus Somalia flüchtete, noch die Mutter mit ihren drei Kindern aus Simbabwe, deren Mann Opfer staatlicher Gewalt wurde, weil er sich für freie Wahlen eingesetzt hatte.

Dass sie nach Deutschland kamen, war mehr dem Zufall geschuldet. Am Anfang ihrer Flucht wussten sie oft nicht, wohin der Weg sie führen würde und ob sie an dem Ort, den sie erreichten, auch bleiben könnten. Sie wollten nur einfach weg aus ihrem Land, weg von der täglichen Bedrohung, irgendwo hin, wo sie sicher leben konnten.

Über viele Stationen kamen sie schließlich nach P. Sie hatten ein Ziel erreicht. Sie waren in Sicherheit. Doch wie würde ihr Leben weitergehen? Das konnte niemand von ihnen voraussagen. Sie freuten sich über die Unterstützung durch die einheimische Bevölkerung und auch mit vielen Behörden machten sie bessere Erfahrungen als mit denen in ihren Heimatländern.

Konnten sie es schaffen, an diesem neuen Ort anzukommen?

TEIL 1

Flucht aus …

»Wenn ihr den Krieg
beenden wollt,
sendet Bücher statt Waffen.
Sendet Stifte statt Panzer.
Sendet Lehrer statt Soldaten!«

Malala Yousafzai

... Afghanistan

Nacht für Nacht wacht Frozan auf. Schweißgebadet sitzt sie in ihrem Bett. Es ist immer der gleiche Traum, der ihr den Schlaf raubt. Gut, dass ihre ältere Schwester Zarah noch mit im Zimmer ist. Zu ihr kriecht sie unter die Decke und findet etwas Ruhe. Was könnte sie tun, damit das aufhört? Diese Frage beschäftigt sie. Wie gerne möchte sie sich abends wieder ins Bett legen können und die ganze Nacht durchschlafen. Seit Monaten ist das schon nicht mehr möglich.

Anfangs fragte ihre Schwester noch, was sie geträumt habe.

»Von früher«, hatte sie nur knapp geantwortet, »von früher.«

»Aber wir sind jetzt in Deutschland«, versuchte ihre Schwester sie dann zu beruhigen, »hier sind wir in Sicherheit, hier passiert dir nichts!«

Frozan weiß das. Sie ist froh, in Deutschland zu sein. Wegen der Sicherheit. Aber ihre Heimat, ihre Heimatstadt Masar-e Sharif, in der sie geboren wurde, in der sie die ersten Jahre ihres Lebens verbracht hatte, sie vermisst sie. Trotz allem. Wenn sie darüber nachdenkt, kommt sie sich manchmal vor wie eine Blume, die man auf einer bunten Wiese gepflückt hat und in eine Vase stellt. Sie blüht noch einige Zeit, aber ohne Wurzeln würde sie schnell verwelken.

Nach irgendeiner dieser Nächte, in der ihr Albtraum sie wieder aus dem Schlaf gerissen hatte, konnte sie morgens nicht aufstehen. Sie war erschöpft. Ihre Gedanken waren nicht im Hier und Jetzt, sie lagen weit zurück. In der Zeit vor ihrer Flucht. Dieser Zeit hatte Frozan einen Namen gegeben. Es war die Angstzeit. Von früh bis spät hatte sie Angst gehabt. Wenn sie manchmal rausgehen wollte, um ihre Freundin zu treffen. Die gierigen Blicke der Männer konnte sie kaum ertragen. In solchen Augenblicken verstand sie ihre Mutter, dass sie nur mit einer Burka vor die Tür ging. Am liebsten hätte sie sich auch verschleiert. Diese Blicke – was sagten sie? Blicke alter Männer, mit langen Bärten, viele schon zahnlos. Du bist sicher schon elf Jahre alt und könntest heiraten!

Die Blicke der Männer waren die kleinere Angst. Die große Angst war die vor den Taliban. Sie konnten plötzlich auftauchen und Menschen ermorden. Einfach so. Sie hatte es schon gesehen.

Aber um die Freundin zu sehen, musste sie raus, musste einige Hundert Meter bis zu ihrem Haus die Straße entlanglaufen. Eine gefährliche Strecke! Und wenn die Freundin zu ihr kam, musste sie diese Strecke zurücklegen. Einmal kam sie nicht. Obwohl sie sich fest verabredet hatten. Auf ihre Freundin konnte man sich immer verlassen. Sie kam auch am nächsten und am übernächsten Tag nicht. Frozan hatte Angst um sie. Sollte sie zu ihrem Haus gehen und nach ihr sehen? Vielleicht war sie ja krank! Sie wagte es und machte sich auf den Weg. Die Mutter der Freundin öffnete ihr die Tür.

»Wo ist ...?« Weiter kam Frozan nicht. Die Mutter nahm sie in die Arme, drückte sie fest an sich und schluchzte.

»Einer der Männer hat sie ...«, sagte sie nach einiger Zeit. Weiter kam sie nicht, wieder fing sie an zu weinen.

»Aber ... aber ...«, stotterte Frozan, »aber sie ist doch noch ein Kind, genau wie ich!« Frozan war fassungslos.

»Ja, sie ist noch ein Kind«, sagte die Mutter, »und ich lasse sie jetzt nicht mehr vor die Tür. Das ist einfach zu gefährlich.«

Dies war eine von Frozans großen Ängsten. Konnte sie es riskieren, noch mal raus auf die Straße zu gehen, um ihre Freundin zu besuchen?

Die zweite Angst war die um ihre Mutter. Obwohl fast alle Frauen in Masar-e Sharif sich nur verschleiert vor die Tür wagten, kam es oft vor, dass sie vergewaltigt wurden. Oder, wenn sie nicht ordentlich verschleiert waren, mussten sie damit rechnen, dass ihre Gesichter mit einer ätzenden Flüssigkeit begossen wurden. Und ihre Mutter musste raus, fast jeden Tag. Sie musste arbeiten, Geld verdienen. Obwohl nach Ansicht der Taliban Frauen nicht arbeiten sollen. Als sie an einem Abend nach Hause kam, war sie verletzt. Sie hatte eine Stichwunde im Oberschenkel. Blut tropfte auf den Boden, markierte ihren Weg in den Waschraum. Die Mutter wollte nicht darüber reden, nicht erklären, was passiert war. Frozans Fantasie trieb wilde Blüten.

Die größte Angst war aber die um ihren Vater. Er betrieb eine kleine Autowerkstatt, in der er immer viel zu tun hatte. Über die Jahre hin hatte er sich einen festen Kundenstamm erarbeitet. Doch in den letzten Monaten kamen neue Kunden hinzu, Kunden, die darauf bestanden, bevorzugt bedient zu werden. Wenn er ihre Autos repariert hatte, fuhren sie einfach weg, ohne zu bezahlen. Wenn er von ihnen Geld forderte, wurde er bedroht. »Du wirst der Nächste sein!«, kündigten sie an.

An solchen Tagen fehlte ihnen das Geld, um etwas zu essen zu kaufen. Das war aber nicht das Schlimmste. Wie sollten sie mit der Bedrohung umgehen? Konnten sie das einfach so hinnehmen? Würden diese Männer ihren Ankündigungen Taten folgen lassen? Sie wussten keine Lösung, wenn sie abends im Zimmer zusammensaßen und darüber redeten.

Die Bedrohungen wurden schlimmer. An einem Abend kam Vater nach Hause, und auf den ersten Blick sah Frozan schon, dass etwas passiert war. Seine Augen waren zugeschwollen, seine Nase blutete.

Drei Tage konnte er nicht arbeiten, drei Tage waren sie ohne Geld, drei Tage ohne etwas zu essen.

Am Abend des vierten Tages, als er aus seiner Werkstatt nach Hause kam, wirkte er verändert. Irgendwie entschlossen. Gesagt hatte er nichts, zumindest nicht, als sie alle zusammensaßen. In der Nacht unterhielt er sich aber noch lange mit Mutter. Worüber sie redeten, konnte Frozan nicht verstehen, sie hörte nur ihre Stimmen.

In den folgenden Tagen und Wochen bemerkte sie Veränderungen zu Hause. Irgendwelches Geschirr, das sie immer zum Kochen oder Essen benutzt hatten, war auf einmal nicht mehr da. Dann fehlte ein Teppich, dann ein Tuch, dann eine Schlafmatte. Sie hatte keine Erklärung dafür. Hatten ihre Eltern diese Dinge weggeworfen? Wollten sie das Haus neu einrichten? Doch dafür gab es keine Anzeichen.

Als sie nur noch über das Notwendigste verfügten, wurden ihre Schwester und sie in die Pläne der Eltern eingeweiht.

Sie weiß nicht mehr, wie sie sich in diesem Augenblick fühlte. Einerseits war sie froh, endlich hier wegzukönnen, nicht mehr Tag für Tag ans Haus gebunden zu sein. Denn raus wagte sie sich nach dem Vorfall mit ihrer Freundin nur noch ganz selten. Andererseits dachte sie aber auch gerade an sie. Würden sie sich je wiedersehen? Und sie dachte an ihre Onkel und Tanten und an ihre Großeltern, die noch hier in der Stadt lebten. Auch von ihnen würden sie sich trennen müssen. Das alles ging ihr nicht aus dem Kopf. Ein Abschied für immer? Eine Trennung von allem, was ihr in ihrem bisherigen Leben wichtig war? Und wird das Neue, das auf sie zukommen würde, das Gewohnte ersetzen können? Nach Europa würden sie gehen, hatte ihr Vater ihnen gesagt. Europa. So weit weg, so fremd. Von Europa hatte Frozan schon gehört. Früher konnte sie noch zur Schule gehen, abends, heimlich, in eine Mädchenschule. Ihre Mutter hatte sie zweimal in der Woche dorthin gebracht. Für Mädchen gab es keine Schulpflicht, weil sie ja nur Mädchen waren und früh heiraten sollten. Welcher Mann brauchte schon eine gebildete Frau? Männer brauchten Frauen, die ihnen den Haushalt führten und Kinder gebaren.

In dieser Schule hatte ihnen die Lehrerin von Europa erzählt, über die Länder, die verschiedenen Sprachen und davon, dass die meisten Menschen dort reicher waren als hier in Afghanistan. Weil es dort eben Schulen gibt für alle Menschen, gerade auch für Mädchen.

Die letzten Tage zu Hause waren hektisch. Alles, was sie auf die

Reise mitnehmen mussten, packten sie in Taschen. Viel durfte das nicht sein, denn sie mussten ja alles selbst tragen.

An einem Abend ging ihr Vater aus dem Haus. Das machte er sonst nie. Frozan sah, wie er einen Bündel Geldscheine einsteckte.

»Woher hat er das viele Geld?«, fragte sie ihre Mutter.

»Wir haben alles verkauft, was wir nicht mitnehmen können.«

»Und die paar Dinge, die wir jetzt weniger in unserem Haus haben, haben so viel Geld eingebracht?« Sie konnte es kaum glauben.

»Nein«, sagte ihre Mutter. Ihre Stimme klang gedämpft. »Für die Werkstatt und das Haus haben wir das meiste Geld bekommen.«

Frozan war schockiert! Sie hatten alles verkauft? Das bedeutete, dass sie nie mehr zurückkehren würden! Zumindest nicht in ihr vertrautes Zuhause! Konnte das sein? War das ein Abschied für immer?

Nach dem nächtlichen Ausflug kam ihr Vater zufrieden zurück. »Es hat alles geklappt«, sagte er freudestrahlend. Andere Pässe hatte er besorgt und auch die Fahrkarten für die erste Strecke gekauft. Außerdem hatte er die Flüge bezahlt und die Tickets dafür in der Tasche. Wo hatte er das alles her? Doch die Antwort interessierte Frozan in dem Augenblick nicht, dafür war alles viel zu aufregend. Das Wort »Fahrkarte« verband sie mit einer Busreise. Wann war sie zuletzt mit einem Bus gefahren? Sie hatte fast keine Erinnerung mehr daran. Doch mit der Vorstellung an eine Busfahrt sollte sie sich gewaltig irren.

Zwei Tage später machte sich die ganze Familie im Morgengrauen auf den Weg. Von ihren Verwandten hatten sie sich am Vortag verabschiedet. Es waren viele Tränen geflossen, sogar bei ihrem Vater und ihrem Opa, die sie noch nie hatte weinen sehen. Und Oma sagte zu ihr: »Ich werde euch nie wiedersehen, meine Kinder!« Ihr ganzer schwerer Körper wurde vom Weinen geschüttelt.

Mit ihren Taschen mussten sie nur ein kurzes Stück laufen. Aber es war schon warm an diesem Morgen, und Frozan bereute es, dass sie noch eine Weste über ihre Bluse angezogen hatte.

»Da vorne ist es schon«, sagte Vater strahlend.

Dort stand aber kein Bus, wie Frozan es erwartet hatte, dort stand ein Lkw mit einer grauen Plane über der Ladefläche und noch einige andere Leute, auch mit Taschen bepackt.

»Damit sollen wir nach Europa fahren?« Frozan war entsetzt.

»Nein.« Ihr Vater lachte und nahm sie in den Arm. »Damit legen wir nur die erste Strecke zurück, bis Pakistan. Von dort fliegen wir nach Europa.«

Frozan war beruhigt. Das klang ja alles ganz einfach. Mit dem Lkw nach Pakistan und von dort nach Europa. Aber von Masar-e Sharif nach Pakistan, das war schon eine lange Strecke. Doch egal, Hauptsache, sie kamen von hier fort.

Dicht gedrängt saßen sie schließlich alle zusammen auf der Ladefläche. Jeder Stein, jedes Schlagloch, rüttelte sie durch. Und davon gab es viele. Der ganze Weg schien nur aus Steinen und Schlaglöchern zu bestehen. Irgendwann war sie müde, hätte gerne ein bisschen geschlafen, aber das war unmöglich. Gerade wenn ihr die Augen zugefallen waren, lag auf der Straße wieder ein Stein, oder sie fuhren durch ein Schlagloch. Es wurde Nachmittag, es wurde Abend, sie kamen in die Berge, und es wurde kalt. Nun war sie froh, dass sie eine Jacke anhatte, eine zweite Jacke hätte ihr aber auch noch gutgetan. Weil sie die aber nicht hatte, rückte sie näher an ihre Schwester, die auch fror, und so wärmten sie sich gegenseitig.

Die Nacht ging vorbei, der neue Tag brach an, und sie waren schon über der Grenze. Gerettet!, dachte sie. Doch dann geschah etwas, womit niemand der Fahrgäste gerechnet hatte. Der Lkw hielt an, Fahrer und Beifahrer sprangen aus dem Führerhaus und forderten alle auf, abzusteigen. Die Reise per Lkw sei für sie hier zu Ende. Den weiteren Weg müssten sie zu Fuß zurücklegen.

Frozans Vater protestierte: »Wir haben doch bezahlt! Sie müssen uns zum Flughafen bringen! So war es vereinbart!«

Das sei für ihn zu gefährlich, meinte der Fahrer, er könne nicht mit einem Lkw voller Menschen dort vorfahren und sie abladen. Alles Bitten und Flehen und selbst Geldangebote der anderen Fahrgäste halfen nicht, der Fahrer blieb dabei. Er erklärte ihnen noch, welchen Weg wir nehmen sollten, dann setzte er sich hinters Steuer und fuhr zurück.

Nun standen sie da, mitten in den Bergen, wie eine Schafherde ohne Schäfer. Konnten sie dem Rat des Lkw-Fahrers trauen? Wie lange müssten sie laufen bis zu ihrem Ziel? Niemand hatte eine Vorstellung. Lautstark beratschlagten die Erwachsenen, was nun zu tun sei. Frozan setzte sich etwas abseits auf einen Stein und ruhte sich aus. Denn geschlafen hatte sie letzte Nacht nur wenig. Und die Aussicht auf einen langen Fußmarsch weckte in ihr nicht die Lebensgeister.

Eine Chance, ihr Ziel zu erreichen, hatten sie nur, wenn sie ihre knappen Wasservorräte und ihren Proviant zusammenlegten. Für einen langen Fußmarsch waren sie nicht ausgestattet, aber so könnte es funktionieren, meinten die Erwachsenen.

Sie machten sich auf den Weg in die Richtung, die der Fahrer ihnen gewiesen hatte. War das eine Straße, ein Verkehrsweg? Würden hier Fahrzeuge vorbeikommen, die sie sogar mitnehmen würden? Oder mussten sie vorsichtig sein, sich hinter Felsen verstecken, wenn sie ein Auto kommen sahen? Sie liefen! Stunde um Stunde. Der Tag wurde heißer und gegen Abend wieder kühler. Vor Einbruch der Dunkelheit suchten sie sich eine geschützte Stelle, an der sie die Nacht verbringen konnten.

Am Nachmittag des nächsten Tages erreichten sie Peshawar. Sie hatten es geschafft. Mit letzter Kraft. Einige ihrer Mitreisenden blieben hier in der Stadt, Frozans Familie und noch zwei andere Familien machten sich auf den Weg zum Flughafen.

Am Flughafen tauchte ein neues Problem auf. Frozans Vater hatte zwar die Flugtickets gekauft, mit denen sie die Türkei erreichen sollten. Aber wie und wo sollte man das richtige Flugzeug finden? Niemand von ihnen war jemals in seinem Leben zuvor auf einem Flughafen gewesen. Was war zu tun? Und noch etwas stellte sich heraus: Alle, mit denen sie unterwegs waren, waren Analphabeten. Niemand konnte ein Hinweisschild lesen, selbst Frozan fiel es in dieser Umgebung schwer, die Wörter auf den Anschlagtafeln zu entschlüsseln.

Sie mussten fragen und wurden geschickt: von hier nach dort und wieder zurück. Als sie endlich den richtigen Ort gefunden hatten, an dem sie einchecken konnten, war es auch höchste Zeit. Sie wurden schon aufgerufen. Doch sie hatten es geschafft. Das allein war wichtig!

Zwei Stunden später hob das Flugzeug ab Richtung Istanbul. Istanbul! Endstation? Würden sie dort bleiben? Vater nahm ihnen die Illusion, ihr Ziel schon fast erreicht zu haben. Istanbul sei nur eine Zwischenstation, Griechenland sei das nächste Ziel.

»Wieso nur das nächste Ziel, können wir nicht in Griechenland bleiben?« Für Frozan hatte ihre Flucht schon lange genug gedauert.

»Wir können es probieren«, meinte Vater, »aber sicher kann man nicht sein.«

In Istanbul mussten sie ihre Reise wieder mit einem Lkw fortsetzen, der in der Nähe des Flughafens auf sie wartete.

»Wir haben es überstanden.« Vater freute sich. Sicher wollte er ihnen mit seinen Worten Mut machen. »Wir werden jetzt zu einem Schiff gebracht, das uns nach Griechenland bringt.«

Seine Worte wirkten. Auf Frozan und auch auf ihre Schwester. Allein Mutter wollte nicht so recht daran glauben.

»Diese Schlepper haben für uns sicher einen Ausflugsdampfer vorgesehen«, meinte sie sarkastisch.

Die Fahrt mit dem Lkw war beschwerlich. Wieder ging es über Berge, wieder war es kalt und unbequem auf der harten Ladefläche. Frozan konnte kaum noch sitzen. Ihr tat alles weh. Klagen wollte sie aber nicht, denn bald würde es ihnen ja besser gehen. Sie glaubte einfach an die Worte ihres Vaters, und nach jedem Schlagloch sagte sie sie leise vor sich hin. Nach stundenlanger Fahrt hielt der Lkw an. Von einem Schiff war weit und breit nichts zu sehen, geschweige denn von einem Meer.

»Machen wir hier Rast?«, fragte Vater den Fahrer, aber der forderte sie schon auf abzusteigen. Auf der einen Seite des Weges erstreckte sich das Festland, auf der anderen Seite ein Sumpfgebiet.

»Ihr müsst jetzt da rüberlaufen«, erklärte ihnen der Fahrer. Es sei nur ein kurzes Stück und drüben auf der anderen Seite warte das Schiff. Sie sollten allerdings bis zur Dunkelheit warten, bevor sie an Bord gingen.

Vater wollte wieder protestieren, doch Mutter zog ihn zur Seite, es mache doch keinen Sinn.

Als Kind hatte Frozan es immer genossen, mit beiden Füßen in Regenpfützen zu springen, dass der Schlamm nur so spritzte. Aber der Schlammweg, den sie nun durchqueren mussten, hatte mit ihren Kindheitserinnerungen nichts gemein. Dieser Schlamm war kalt, und je weiter sie gingen, umso tiefer versanken sie in diesem Morast. Zuerst bis zu den Knöcheln, dann bis zu den Knien. Sie mussten aufpassen, dass sie nicht ganz darin versanken.

Die ersten Meter waren noch gut zu bewältigen, auch wenn es anstrengend war, ein Bein nach dem anderen mit einem schlürfenden Geräusch aus dem Sumpf zu ziehen, um es einen Schritt weiter vorne wieder einzutauchen. Doch nach einigen Hundert Metern war Frozan müde. Sie konnte nicht mehr. Aber hinsetzen und ausruhen waren nicht möglich. Wie gerne wäre sie umgekehrt, hätte sich am Wegesrand niedergelassen, die Beine ausgestreckt und einfach nur dagelegen. Aber sie mussten weiter, vorwärts, nicht zurück.

Frozan glaubte, dass sie mindestens zwei Stunden gebraucht haben, um diesen Sumpf zu durchqueren. Das hatte zumindest ihr Vater behauptet. Nun, wieder festen Boden unter den Füßen, sahen ihre Beine aus, als hätten sie schlammfarbene Stiefel an.

Doch wo war ihr Schiff? Gut, es war ja noch hell und sie sollten erst nach Einbruch der Dunkelheit an Bord gehen. Aber einen Anlegeplatz für ein Schiff konnten sie auch nicht entdecken. Sie setzten sich einfach hin und warteten. Etwas anderes blieb ihnen nicht übrig. Frozan tat alles weh, die Beine, der Rücken und auch die Arme, weil sie die ganze Zeit über ihre Tasche hochhalten musste.

Bald darauf gesellten sich weitere Menschen zu ihnen. Auch sie sollten mit dem Schiff nach Griechenland gebracht werden, wie sie in vorsichtigen Gesprächen erfuhren.

Allmählich wurde es dunkel, doch von einem Schiff war noch immer nichts zu sehen. Sie müssten ein Stück hinaus ins Meer laufen, dort würde es auf sie warten, meinte ein Mann, der gerade gekommen war und auch übersetzen wollte.

Ihnen blieb nichts anderes übrig, als dem Rat des Mannes zu folgen. Anfangs war das Wasser noch flach, doch je weiter sie gingen, umso höher stieg es. Zuerst bis zu den Knien, dann bis zum Bauch, zur Brust und schließlich reichte es Frozan bis zum Hals. Sie hatte Angst. Tiefer durfte es nicht werden, denn sie konnte nicht schwimmen. Ihre Tasche hielt sie hoch über ihren Kopf. Doch das Wasser wurde tiefer, sie bekam Panik und schrie um Hilfe.

»Du musst leise sein!«, wurde sie von den anderen angefahren. Wie sollte sie das, wenn sie doch Angst hatte? Würden sie es schaffen? Würde auch sie es schaffen oder würde sie hier im Meer jämmerlich ertrinken? Mit dieser Vorstellung vor Augen bereute sie in dem Moment, dass sie diese Flucht überhaupt angetreten hatten.

Ihr Vater bemerkte ihre Angst, hob sie hoch und setzte sie auf seine Schulter. Schritt für Schritt näherten sie sich dem Ziel, das zwar noch niemand sehen konnte, aber irgendwo dort vor ihnen auf dem Meer sein musste. Vater stöhnte unter ihrer Last, aber er trug sie tapfer weiter. Frozan hätte es nicht mehr geschafft, weiter im Wasser zu laufen, denn es wurde tiefer und tiefer. Ihrem Vater reichte es nun schon fast bis zum Hals.

Wie lange waren sie unterwegs? Ein Gefühl für Zeit war Frozan abhandengekommen. Von ihrer erhobenen Position aus konnte sie ein gutes Stück weiter vorne ein Licht sehen.

»Dort muss es sein.« Sie freute sich und wies Vater mit der Hand in die Richtung, in die er gehen sollte. Nach einigen Minuten hatten sie es tatsächlich erreicht. Aber nicht nur sie, sondern mindestens vierzig weitere Menschen hatten den gleichen Weg genommen. Ihr Ziel: ein Schlauchboot. Mit diesem Ding sollten sie nach Griechenland gebracht werden? Unmöglich! Vierzig Menschen in so einem kleinen Boot? Aber sie hatten keine Wahl. Niemand der hier angekommen war, hatte eine Wahl, niemand wollte wieder zurück. Sie stiegen ein und hofften, dass dieses Boot nicht kentern würde.

Wenigstens hatte das Boot einen Motor, so mussten sie nicht rudern. Frozan wäre auch nicht dazu in der Lage gewesen. Zum ersten Mal in ihrem Leben war sie auf einem Boot. Es schaukelte auf den Wellen und ihr wurde übel. Obwohl sie nichts im Magen hatte, musste sie sich übergeben. Ihre Mutter hielt sie fest, als sie sich über den Rand des Bootes beugte. Das dunkle Wasser unter ihr, dazu die Übelkeit, sie konnte keinen klaren Gedanken fassen. Sie wünschte sich einfach nur, alles sei vorbei. Egal wie.

Nach einiger Zeit ging der Motor aus. Waren sie schon am Ziel? Wo war Griechenland? Konnten sie es nur wegen der Dunkelheit nicht sehen oder waren sie noch zu weit davon entfernt?

Panik breitete sich unter den Menschen aus, denn weit und breit war wirklich noch kein Land in Sicht. Der Bootsführer versuchte verzweifelt, den Motor noch einmal in Gang zu bringen. Vergeblich! Jetzt war alles vorbei! Das war das vorherrschende Gefühl an Bord. Der Wind würde sie aufs offene Meer hinaustreiben, niemand würde sie je finden. Auf offener See würden sie verhungern, verdursten und einige würden vielleicht selbst ihrem Leben ein Ende bereiten und ins Wasser gehen. Die Verzweiflung unter den Menschen war groß.

Doch es zeichnete sich eine Rettung ab. Der Bootsführer hatte eine Warnlampe, die er nun einschaltete. Alle hofften darauf, dass dieses Blinklicht weithin zu sehen sein würde.

Glück ist etwas, was man auf einer solchen Flucht, wie diese Menschen sie unternahmen, am meisten braucht. Sie empfanden es schon als ein sehr großes Glück, dass sie den Weg bis hierher geschafft hatten, ohne dass jemand krank geworden oder sonst etwas Schlimmes passiert war. Hatte dieses Glück sie jetzt verlassen?

Noch ein gutes Stück entfernt sahen sie, wie ein größeres Boot Kurs auf ihr Schlauchboot nahm. Es war die griechische Küstenwache, die offenbar das Lichtsignal gesehen hatte und losgefahren war, um sie zu retten. Sie brachten alle an Land und in ein Lager, in dem schon viele Menschen lebten. Sie hatten es geschafft! Sie waren in Europa! Hier, in Griechenland, wollten sie gerne bleiben. Hier war es warm, sie mussten nicht frieren, obwohl sie noch kein Dach über dem Kopf hatten und im Freien schlafen mussten. Sie bekamen zu essen, zu trinken und hofften darauf, dieses Lager bald verlassen zu können, um eine Wohnung zu suchen. Das neue Leben konnte beginnen! Doch schon nach wenigen Tagen stand fest, dass dies alles eine Illusion war. Bleiben – in Griechenland? Unmöglich! Hier landeten viele, die geflüchtet waren. Ein Zelt stand neben dem anderen und alle waren belegt. Viele mussten sogar im Freien schlafen. Hier gab es für sie keine Chance, eine Wohnung zu finden, geschweige denn einen Arbeitsplatz, um den Lebensunterhalt zu verdienen.

Sie mussten weiter. Frozans Vater versuchte noch einmal, einen Schlepper zu finden, aber sie hatten nicht genug Geld, um ihn zu bezahlen. Und so machten sie sich auf den Weg. Zu Fuß! Durch Griechenland, durch Mazedonien, durch Kroatien und Serbien. Wochenlang waren sie unterwegs. Jedes Mal, wenn sie an eine Grenze kamen, hofften sie, sie könnten in diesem Land bleiben. Doch so, wie die Grenzbeamten sie ansahen, wussten alle sofort, hier waren sie nicht willkommen. Auf ihrem Weg versuchten sie auch, Dörfer und Städte zu vermeiden, weil sie die Erfahrung gemacht hatten, dass die Menschen dort sie nicht sehen wollten, und schon gar nicht wollten sie, dass sie mit ihnen und bei ihnen lebten. Deshalb liefen sie auf Feldwegen, suchten sich nachts in den Wäldern einen geschützten Platz zum Schlafen und setzten am nächsten Tag ihren Weg fort.

Unterwegs ernährten sie sich von Beeren und Obst, manchmal auch von Feldfrüchten, wenn sie etwas fanden. Oftmals mussten sie sich aber mit Wurzeln zufriedengeben. Nur wenn ihr Weg sie zu einem Lager führte, bekamen sie eine warme Suppe.

Oft wollte Frozan aufgeben. Sie konnte nicht mehr. Ihre Füße waren voller Blasen, ihre Beine taten ihr weh. Aber sie mussten weiter. Gab es denn niemand, der sie haben wollte? Keine Stadt? Kein Land? Würden sie im Nirgendwo landen? Frozan war oft ganz verzweifelt, wenn sie mitbekam, wie sie von den einheimischen Menschen angeschaut wurden, denen sie gelegentlich begegneten.

Ob es ihr geholfen hätte, das Ziel zu wissen? Bis dorthin noch, dann war es geschafft? Doch es gab kein Ziel, es gab nur den Weg, auf dem sie liefen. Vater hatte mal davon gesprochen, dass sie versuchen sollten, bis nach Deutschland zu kommen. Oder nach Dänemark oder Schweden. Er wusste, dass Landsleute von ihnen dort lebten. Aber würden sie sie dort finden? Schließlich waren das große Länder mit vielen großen Städten. Vorstellen konnte sie sich das alles nicht.

Frozan weiß nicht mehr, an welchem Ort es war. Selbst an das Land kann sie sich nicht mehr erinnern. So vieles hatte sie gesehen, zu lang war ihr Weg, zu müde war sie, um sich alles merken zu können. Sie weiß nur noch, dass an diesem Ort Busse standen und um die Busse herum unzählige Menschen. Menschen auf der Flucht, genau wie sie. Sie gingen auf die Busse zu. Wieder hatten sie Glück. Die Busse sollten die Flüchtlinge nach Deutschland bringen, das wurde ihnen mitgeteilt. Noch an diesem Tag.

Frozan konnte es nicht fassen! Mit einem Bus fahren? Nicht mehr laufen müssen? Auf bequemen Sitzen hocken anstatt auf einer harten Ladefläche wie auf den Fahrten mit den Lkws? Freudentränen liefen ihr über die Wangen.

Wenige Stunden später saßen sie tatsächlich in den gepolsterten Sitzen. Sie glaubt, dass dies der Moment war, in dem sie das Gefühl hatte: Jetzt beginnt das neue Leben. Es war herrlich, sich über die Straßen schaukeln zu lassen, die Landschaften zu sehen, die an ihnen vorbeirauschten, oder auch einfach einschlafen zu können in den weichen Sitzpolstern.

München hieß die Stadt, in der sie ankamen. Viele Menschen haben ihnen dort geholfen, haben ihnen Lunchpakete gegeben für die Weiterfahrt in eines der Aufnahmelager. Dort wurden sie nicht nur mit Lebensmitteln versorgt, sondern auch mit frischer Kleidung. Sie konnten duschen und mit der neuen Kleidung fühlte Frozan sich wie neu geboren.

Obwohl es sehr eng war und sie mit vielen Menschen zusammen in einer Halle schlafen mussten, wäre Frozan gerne noch etwas länger dort geblieben. Endlich waren sie irgendwo angekommen. Endlich mussten sie nicht mehr Tag für Tag laufen. Endlich gab es Landsleute, auch in ihrem Alter, mit denen sie reden konnte. Sie sprachen über ihre Heimat, sie erzählten sich die Geschichten ihrer Fluchten, und Frozan stellte fest, dass sie alle ganz ähnliche Erfahrungen gemacht hatten.

Der größte Luxus dort aber waren die Liegen. Nicht mehr irgendwo zwischen Felsen schlafen müssen oder auf Waldböden wie in den letzten Wochen. Eine Liege, ganz für sie allein, mit einem Kopfkissen und einer Decke! Luxus pur!

Aber auch diesen Ort mussten sie wieder verlassen. Der Weg führte sie Richtung Norden nach P. Nur ihre Familie und sie stiegen hier aus dem Zug. Sie wurden von zwei netten Menschen abgeholt, die sie zu einem Haus brachten. Sollte es zu der Unterkunft in München noch eine Steigerung geben? Hier war sie! Ihnen wurde eine Wohnung zugewiesen. Eine Wohnung mit einer Küche, zwei Schlafzimmern, einem Badezimmer und einem weiteren Raum, der hier in Deutschland »Wohnzimmer« genannt wird. Einen solchen Raum kannte sie aus Afghanistan nicht. Dort hatte es zwei Schlafräume und einen weiteren Raum gegeben, in dem gekocht, gegessen und sich auch sonst aufgehalten wurde.

Hier hatte jeder sein Bett, es gab Kleiderschränke, einen Schreibtisch, und in der Küche stand ein Tisch mit vier Stühlen, es gab einen Herd zum Kochen und sogar einen Kühlschrank.

Hier könnten sie bleiben, sagte man ihnen, bis über ihren Asylantrag entschieden sei. Deutschkurse wurden angeboten, die sie besuchten, denn Frozan und ihre Schwester wollten unbedingt noch zur Schule gehen.

Sie bekamen auch Geld, damit sie sich Lebensmittel und andere Dinge, die sie brauchten, kaufen konnten.

Einmal musste Frozan sich neue Zahncreme besorgen. In dem Geschäft im Ort war sie ziemlich überfordert mit dem, was es dort alles gab. In den Regalen lagen so viele Dinge, die sie gar nicht kannte. Es war alles so fremd. Wo sollte sie die Zahncreme finden? Ihr einziger Anhaltspunkt war, dass es sie in Tuben gab. Sie streifte durch die Gänge auf der Suche nach Tuben, die bestimmt in irgendeinem Regalfach lagen. Sie wurde fündig. Tuben in verschiedenen Farben. Alle auch mit Aufschrift, aber die konnte sie nicht entziffern. Welche sollte sie nehmen? Sie entschied sich für eine rote. Das war eine tolle Farbe. Leuchtendes Rot!

Ein etwas mattes Rot drückte sie am Abend auf ihre Zahnbürste. Womit putzen die Deutschen sich die Zähne?, wunderte sie sich. Wie die schmeckte! Ganz anders als die, die sie aus Afghanistan kannte. Aber sie war tapfer. Tag für Tag schrubbte sie sich mit dem roten Zeug die Zähne. Schließlich waren sie ja in einem fremden Land, da konnte Zahncreme auch anders aussehen und schmecken. Vertraut kam ihr der Geschmack schon vor. Konnte es sein, dass die Deutschen ihre Zahncreme mit verschiedenen Geschmacksrichtungen versehen? Ihre schmeckte eindeutig nach Tomate.

Aber sie putzte ihre Zähne damit, bis die Tube leer war. Sie wollte ja ihr Gastland und die Menschen hier nicht beleidigen, weil sie sich mit so einem abscheulichen Zeug die Zähne putzten.

Wenn sie jetzt daran zurückdenkt, muss sie lachen. Heute benutzen sie ihre »Zahncreme« zum Kochen, denn zwei Wochen lang hatte sie sich morgens und abends die Zähne mit Tomatenmark geputzt.

In P. möchte Frozan gerne bleiben. Die Menschen hier sind nett, sie lernt ihre Sprache, und auch mit den anderen Bewohnern im Haus haben sie sich angefreundet. Bald werden ihre Schwester und sie zur Schule gehen können. Sie freut sich darauf, denn sie möchte gerne lernen.

Die Menschen, mit denen sie im Haus zusammenleben, mussten auch aus ihren Heimatländern flüchten. Sie alle sind froh, hier endlich einen sicheren Ort gefunden zu haben, an dem sie leben können. Zumindest vorerst, bis über ihre Anträge entschieden wurde.

... Somalia

Wenn Mathuk zurückdenkt, muss er weinen. Tränen fließen wie Sturzbäche über seine Wangen, wenn die Erinnerung die Bilder hervorbringt. Bilder, die er unterdrücken möchte. Um leben zu können, um den Alltag zu überstehen, irgendwie. In dieser Fremde, in der er sich noch nicht zurechtfindet. Manchmal gelingt es ihm. Wenn er Fußball spielt oder wenn er zeichnet. Motive aus einer Welt, die er sich wünscht, sie sich herbeisehnt. Blumenwiesen. Lächelnde Menschen. Oder einfach nur die Ruhe der untergehenden Sonne. In solchen Momenten kann er vergessen. Dann fühlt er sich gut.

Doch diese Momente sind zu selten in seinem Leben. Wenn er allein in seinem Zimmer sitzt, laufen die letzten Monate wie ein Film vor seinen Augen ab. Er ist allein damit, niemand ist da, dem er das erzählen könnte. Wem auch? Gibt es hier Menschen, die seine Sprache verstehen? Bis jetzt hat er noch niemanden aus Somalia getroffen. Auf seiner Flucht hat er sich etwas Englisch angeeignet, Wörter, die er zum Überleben brauchte. Keine, um alles zu erzählen. Oft hat er das Gefühl, verrückt zu werden, wenn er stundenlang in seinem Zimmer hin und her läuft, wenn die grausamen Bilder ihn einfach nicht zur Ruhe kommen lassen.

Schon am ersten Tag war es ihm aufgefallen, wie ruhig es hier war. Stille, eine ungewohnte Stille. Nur ab und zu fuhr ein Auto vorbei. Das kannte er nicht. Zu Hause war es immer laut. Nicht nur wegen der Autos, Nacht für Nacht hörte er Gewehrfeuer, Detonationen von Bomben oder Granaten. Er lebte im Krieg. Seit dem ersten Tag seines Lebens. Er kannte nichts anderes. Er war vertraut mit dem Tod, solange er nicht in seine Nähe kam. Wie oft hatte er schon Tote gesehen, zerfetzte Körper? Mit diesen Bildern ist er aufgewachsen. Doch nie konnte er verstehen, warum Menschen andere Menschen umbringen. Diese Frage beschäftigte ihn.

Wie oft träumte er davon, sich vor angreifenden Soldaten zu verstecken, irgendwo hinter einer Mauer, hinter einer Haustür.

Und wie oft schreckte er nachts auf, wenn eine Granate in der Nähe einschlug? Einmal in der Woche oder zweimal? Nein, noch öfter, er wurde fast jede Nacht geweckt. Dann setzte er sich auf, sah sich um, freute sich darüber, dass er und seine Familie verschont blieben, und versuchte wieder einzuschlafen.

Doch je älter er wurde, umso näher kam die Gefahr auf ihn zu. Er spürte das. Alle in der Familie spürten das.

Vater hatte ihm und seinem älteren Bruder Ali schon einige Male ganz dringend geraten, das Land zu verlassen. Es sei zu gefährlich für sie, meinte er, die islamistischen al-Shabaab-Milizen durchkämmten die Orte, um junge Männer für ihren Kampf gegen Christen zu rekrutieren.

Als er nach dem Freitagsgebet in der Moschee mit seinem Bruder auf dem Nachhauseweg war, passierte es. Er konnte schon von einiger Entfernung aus sehen, dass mit ihrem Haus etwas nicht stimmte, etwas war anders als sonst. Dann sah er, was es war. Jeeps und einige bewaffnete Milizen standen vor dem Haus. Mathuk blieb stehen, doch Ali wollte offenbar wissen, was dort vorging. Ob er es nicht ahnte? Ob er glaubte, sie würden Vater holen? Der war doch zu alt zum Kämpfen. Entschlossen ging er los, vorbei an den Milizen, auf ihr Haus zu. Was hatte er vor? Hatte er keine Angst? Er musste doch wissen, dass die Milizen jeden sofort erschossen, der sich ihnen in den Weg stellte.

Mit einem lauten Befehl wurde Ali gestoppt. Mathuk konnte auf die Entfernung alles genau hören. Und sehen. Schon unmittelbar nach dem Befehl fiel ein Schuss. Ali sank zu Boden, der Schütze trat ihm noch mit seinem Stiefel in die Seite, doch der Bruder blieb regungslos liegen. Mathuk konnte es nicht fassen. Eben hatten sie noch zusammen in der Moschee gebetet, nun lag er da. Tot.

Durch eine Seitenstraße rannte Mathuk davon. Er rannte einfach drauflos, ohne zu wissen wohin. Erst als er völlig außer Atem war, blieb er stehen, schaute sich ängstlich nach allen Seiten um. War ihm jemand gefolgt? Sehen konnte er niemanden.

Wo war er hier? Dieser Teil von Mogadishu war ihm fremd. Oder war es die Situation, die auf ihn alles fremd wirken ließ? »Was mache ich hier? Wie bin ich hierhergekommen?« Diese Fragen gingen ihm durch den Kopf. Dass sein Bruder wirklich tot sein sollte, das konnte er immer noch nicht glauben. Hatte er das nur geträumt oder war es Realität? Der Schuss? Der tote Körper auf dem Boden? War das wirklich Ali?

Noch ganz in Gedanken ging er weiter. Irgendwohin. Alles war so unwirklich, so unfassbar. Waren es tatsächlich nur die Straßen, die Häuser, die Menschen, die er schemenhaft wahrnahm?

Es war schon dunkel, als er auf einmal vor seinem Elternhaus stand. Wieder fragte er sich, wie er hierhergekommen war. Er war einfach gegangen. Er schaute sich um, die Milizen waren weg. Auf dem Boden vor dem Haus war ein großer roter Fleck.

Seine Eltern weinten vor Freude, als sie ihn sahen. Sie waren davon ausgegangen, die Milizen hätten ihn gefasst und mitgenommen.

Während Mutter ihn noch in ihren Armen hielt und sanft hin und her wiegte, war sein Vater derjenige, der sie in die Realität holte.

»Du musst fliehen!«, befahl er ihm. »Du musst in ein anderes Land! Hier bist du nicht mehr sicher! Ali ist tot und wir möchten nicht auch dich noch verlieren! Sie werden wiederkommen und dich mitnehmen, wenn du hier bist! Du hast gesehen, was mit Ali passiert ist, wenn du zögerst, dann werden sie …« Weiter kam er nicht. Ein heftiges Schluchzen schüttelte seinen ganzen Körper.

»Aber ich bin doch erst sechzehn, ich kann noch nicht mit ihnen kämpfen!« Mathuk wusste, dass das Alter kein Argument war. Sogar Kinder hatten sie schon verschleppt, sie standen jetzt in ihren Diensten. Er konnte sich einfach nicht vorstellen, zu fliehen. Und dann noch allein! Mit seinem großen Bruder wäre das etwas anderes gewesen. Der hätte ihn beschützen können. Aber allein? Und wohin?

Sein Vater hatte sich wieder gefangen. »Du musst!«, sagte er entschieden.

Aus einem Beutel zog er ein Bündel Geldscheine. »Hier, damit kommst du bis weit über die Grenze!« Er drückte ihm das Geld in die Hand. Mathuk schaute erst ihn, dann seine Mutter an. Beide nickten, und damit wusste er, sie meinten es ernst.

Mathuks Vater hatte schon Vorbereitungen für die Flucht getroffen. Zwei junge Männer hatte er bei einem Schlepper angemeldet. Er erklärte seinem Sohn, wo er diesen Mann finden würde. Der würde ihn über die Grenze nach Äthiopien bringen, dort wäre er vorerst vor dem Zugriff der Milizen sicher.

Mathuk wäre gerne noch geblieben, wenigstens diese eine Nacht, doch die Eltern drängten ihn, sich sofort auf den Weg zu machen. Mutter hatte ihm einen kleinen Vorrat an Essen und eine Flasche Wasser in einen Beutel gesteckt. Sie umarmten sich kurz. Eine lange Umarmung hätte die Entscheidung zur Flucht sicher auf einen späteren Zeitpunkt verschoben. Nun musste er los.

Vater hatte ihm den Weg zu dem Schlepper genau beschrieben. Auf Anhieb fand er den Ort, an dem der Lkw stand, der ihn in Sicherheit bringen sollte. Zwei Schlepper waren dort und nicht nur sie. Etwa zwanzig weitere Personen standen vor dem Lkw. Wollten sie auch das Land verlassen? Nicht nur junge Männer hatten sich dort eingefunden, sondern auch ganze Familien, selbst zwei Säuglinge entdeckte er.

»Warum können wir noch nicht aufsteigen und losfahren?«, überlegte er. »Die Ladefläche wird bestimmt voll sein, wenn wir alle dort sitzen.«

Doch sie fuhren noch nicht ab, die Schlepper rechneten wohl damit, dass noch mehr Menschen kommen würden. Und es kamen noch welche.

Einer der beiden Schlepper ging nun rund und kassierte das Fahrgeld. Niemand sollte sie um die Kosten prellen. Mathuk wusste nicht, wie viel es kosten würde. Er nahm das ganze Geldbündel aus der Hosentasche, und bevor er sichs versah, hatte der Mann schon danach gegriffen. »Hier, damit du unterwegs nicht verhungerst!«, meinte er grinsend und gab Mathuk einen kleinen Teil des Geldes wieder zurück.

Fünfunddreißig Personen waren sie, die sich auf der Ladefläche zusammenkauerten.

Es war noch Nacht, als sie losfuhren, doch bei Tagesanbruch hielt der Lkw an. Alle mussten absteigen und sich auf Befehl des Fahrers verstecken. Wo waren sie hier? Noch in Somalia? Oder schon in Äthiopien? Und warum sollten sie sich verstecken? Fragen, auf die Mathuk keine Antworten erhielt.

Zuflucht fanden sie unter einigen Büschen, wo sie bis zum Einbruch der Dunkelheit ausharren mussten. Es war heiß, Mathuks Wasservorrat war fast aufgebraucht. Wie lange würde er noch reichen? Er musste sehr sparsam damit umgehen.

Am Abend wurde die Fahrt fortgesetzt. Wieder fuhren sie die ganze Nacht durch. Bei Tagesanbruch hielten sie an, und Mathuk, wie auch die anderen auf der Ladefläche, glaubte, sie müssten sich wieder bis zum Abend in einem Versteck aufhalten.

»Nun müsst ihr alleine sehen, wie ihr weiterkommt!«, sagte der Fahrer, nachdem er den Motor abgeschaltet und aus dem Fahrerhaus gesprungen war. »Los, schnell, schnell runter, ich muss wieder zurück!«

Proteste führten zu keinem befriedigenden Ergebnis, der Fahrer startete und fuhr los.

Wie sollte Mathuk nun weiterkommen? Sich neue Schlepper suchen? Hatte er dafür noch genug Geld? Er brauchte ja auch etwas zum Essen und frisches Wasser! Würde er zu Fuß weiterlaufen müssen? Doch wohin, in welche Richtung? Er hatte keine Vorstellung. Wie gerne wäre er dem Lkw hinterhergelaufen und wieder mit zurück zu den Eltern gefahren.

Abdil war seine Rettung. »Was ist mit dir?«, fragte er Mathuk. »Weißt du nicht wohin?«

Mathuk schüttelte den Kopf. »Nein, keine Ahnung, vielleicht bleibe ich hier, vielleicht mache ich mich auch weiter auf den Weg.«

»Hierbleiben ist nicht so gut«, meinte Abdil. »Äthiopien ist zu gefährlich für Menschen wie uns. Wir können uns aber zusammentun. Ich will auf jeden Fall weiter nach Norden, vielleicht sogar bis nach Europa.«

Europa? So weit weg? Mathuk hatte keine Vorstellung, wie weit es bis nach Europa war. Europa, ja, davon hatte er schon gehört. Ob er sich Abdil anschließen sollte? Er war schon etwas älter, sicher fast in dem Alter seines Bruders Ali. Würde er ihm wirklich helfen? Würde er sich auf ihn verlassen können?

Die Entscheidung wurde ihm abgenommen. »Wir machen uns gemeinsam auf den Weg, dann können wir uns gegenseitig unterstützen.«

Mathuk freute sich über den Vorschlag, er hätte von sich aus nie gewagt, danach zu fragen. Die Vorstellung, zusammen mit Abdil nach Europa zu gehen, gefiel ihm. Allein hätte er sich das nicht zugetraut.

Schon am nächsten Tag fanden sie neue Schlepper, denen sie sich anvertrauten. Wieder war es ein Lkw mit einer Plane über der Ladefläche als Transportmittel, wieder waren es mehr als dreißig Personen, die dicht an dicht dort saßen. Der Preis, den alle zahlen mussten, war hoch, sehr hoch. Mathuk hatte sein letztes Geld hergegeben, und weil es nicht reichte, legte Abdil von seinem Geld noch etwas dazu. Für dieses Geld wollten die Schlepper sie bis nach Tripolis bringen. Das versprachen sie.

Die Fahrt ging los. Durch Äthiopien, durch den Sudan. Es war heiß. Die Luft war stickig unter der Lkw-Plane. Wochenlang fuhren sie durch die Wüste. Hitze, Durst und Krankheiten machten sie kraftlos. Am meisten litten die Babys. Sie hatten Hunger, doch die Mütter hatten keine Milch mehr, um sie zu stillen. Die Schlepper nahmen auf ihre Fahrgäste keine Rücksicht. Zu scheinbar von ihnen festgelegten Zeiten hielten sie an, verteilten Wasser und Salzkekse und ohne langen Aufenthalt ging die Fahrt weiter.

Nach fünf Monaten waren sie am Ziel. Tripolis. Sie waren tatsächlich angekommen. Wie konnten sie den Weg von hier fortsetzen? Ganz ohne Geld! Ob sie hier eine Arbeit finden würden, mit der sie die Überfahrt nach Europa finanzieren konnten?

Doch es kam zunächst anders. Die Schlepper sperrten sie am Stadtrand von Tripolis in einem Verschlag ein. Es sei zu gefährlich, argumentierten sie, einfach in die Stadt zu laufen, um sich dort nach einer Arbeit oder einer weiteren Fluchtmöglichkeit nach Europa umzuschauen. Die libysche Polizei würde Flüchtlinge einfach aufgreifen und ins Gefängnis stecken. Die Schlepper würden sich nach einem Schiff für die Überfahrt nach Europa umsehen.

Ein paar Tage brachten sie in diesem Raum zu, ohne dass etwas passierte. Die Schlepper versorgten sie notdürftig mit Salzkeksen und Wasser. Sie sollten Geduld haben, rieten sie ihnen.

An einem der nächsten Tage meinte Abdil, jeder solle selbst überlegen, ob er noch bleiben oder auf eigenes Risiko sich durchschlagen wolle. Für ihn sei klar, dass er nicht länger der Gefangene der Schlepper sein wolle, er mache sich jetzt auf den Weg, um eine Fluchtmöglichkeit nach Europa zu finden. Mathuk zögerte noch etwas. Sollte er sich Abdil anschließen? Er hatte die Warnung der Schlepper vor der libyschen Polizei noch in den Ohren. Doch schließlich entschied sich er dazu, mit Abdil mitzugehen. Ohne ihn wollte er nicht zurückbleiben.

Zwei Tage liefen sie durch die Stadt, boten hier und dort ihre Arbeitskraft an. Damit verdienten sie gerade mal so viel, dass sie sich einmal am Tag etwas zu essen kaufen konnten. Für eine Rücklage zur Flucht nach Europa reichte das wenige Geld nicht.

Am dritten Tag geschah es dann. Mathuk hatte die Polizisten zu spät gesehen. Er lief ihnen direkt in die Arme.

Auf dem Polizeirevier verhörten sie ihn.

»Wo kommst du her? Wo willst du hin?« Sonst interessierte sie nichts. Weder sein Name noch sein Alter, ganz zu schweigen von dem Grund, der ihn zur Flucht trieb.

»Ich möchte nach Europa«, sagte Mathuk vor lauter Angst ganz leise. Der Fausthieb eines Polizisten beförderte ihn zu Boden. Mathuk schüttelte sich. Was war passiert? Hatte er etwas Falsches gesagt? Sie wollten doch wissen, wohin er möchte! Oder hatte er ihre Fragen nicht richtig verstanden? Er versuchte es anders.

»Ich war viele Monate unterwegs«, erklärte er, »ich habe Hunger, ich habe Durst.«

Die Polizisten lachten. »So, Durst hast du? Hier ist eine Flasche Wasser!« Doch Mathuk bekam keinen Tropfen davon ab. Der Polizist leerte sie vor seinen Augen auf dem Fußboden aus. Dabei lachte er und schlug mit der Faust auf den Schreibtisch.

»Und Hunger hast du auch?«, fragte er zynisch hinterher.

Mathuk nickte. Vielleicht würde er ihm ja etwas geben. Dieser Polizist musste doch erkennen, in welchem Zustand er war. Er würde alles annehmen, Hauptsache, er bekam etwas in seinen hungrigen Magen.

Aus einer Schublade zog der Polizist ein Stück Brot. »Das hättest du wohl gerne, stimmt's?«

Mathuk wagte nicht zu antworten, er befürchtete, der Polizist würde das Brot vor seinen Augen essen. Doch er öffnete die Tür zu einem

Nebenraum. Ein Schäferhund kam herausgesprungen und stürzte sich auf Mathuk. Mathuk hatte Angst, er schrie, versuchte auszuweichen, sprang hin und her, doch der Hund hatte sich schon in seiner Wade festgebissen. Nach einem unendlich langen Augenblick – Mathuk spürte, wie die Zähne des Hundes in sein Fleisch eindrangen – pfiff der Polizist den Hund zurück. Der hörte sofort auf dieses Signal, setzte sich vor den Uniformierten hin, gab Pfötchen und wartete nun auf seine Belohnung. Die bekam er auch prompt. Das Stück Brot, auf das Mathuk so gehofft hatte, verschwand in dem gierigen Rachen des Hundes.

Das Verhör war damit offenbar beendet, Mathuk wurde in eine Gefängniszelle gesperrt. Viele Männer saßen dort schon auf dem Fußboden, eine andere Sitzmöglichkeit gab es in dem Raum nicht. Außer einem Eimer für die Notdurft und der stank erbärmlich.

Mathuk wollte sich an die Wand setzen, damit er sich anlehnen konnte, um seine Wunde anzuschauen und zu befühlen. Doch offenbar gab es hier, in diesem Verließ, noch so etwas wie eine Rangordnung. Er wurde in die Mitte des Raumes verwiesen. Das Privileg, sich an die Wand anlehnen zu können, musste man erst einmal ohne Rückenlehne absitzen.

Einmal pro Tag bekamen sie einen Becher Wasser und ein Stück Brot. Das musste reichen. Und es war sinnvoll, alles gleich zu essen und zu trinken, denn jeder in diesem Raum hatte Hunger und Durst. Etwas für die kommenden Stunden aufzubewahren war nicht ratsam.

An manchen Tagen wurden Gefangene aus der Zelle geholt. Sie kamen nie mehr zurück. Niemand wusste, was mit ihnen geschah. Bevor neue kamen, sicherten sich die, die bislang in der Mitte gesessen hatten, einen Platz an der Wand.

Wenn Mathuk sich an die Zeit im Gefängnis zurückerinnert, muss er weinen. »Flüchtlinge sind bei der libyschen Polizei weniger Wert als Tiere. Das habe ich oft erlebt, nicht nur am ersten Tag. Auch die anderen Gefangenen erzählten davon. Ich weiß auch nicht, was schlimmer war: das Wasser, dass sie bei den Verhören vor meinen Augen auskippten, oder die Schläge, die ich bekam. Mit einem Lederriemen haben sie auf mich eingeprügelt.«

Irgendwann wurde er freigelassen. Abdil holte ihn ab. Woher wusste er von der Freilassung? Woher wusste er überhaupt, dass er im Gefängnis war?

»Ich habe in den letzten Monaten viel gearbeitet«, erklärte er. »Mit einem Teil des Geldes habe ich einen Polizisten bestochen, damit du freikommst.«

Abdil. Mathuk konnte es nicht glauben. Abdil hatte ihn gerettet, er hatte ihn freigekauft. Er hätte doch schon lange in Europa sein können. Aber nein, er hatte Wort gehalten, sie hatten ja verabredet, gemeinsam diesen neuen Kontinent zu betreten. Wie konnte er das jemals wieder gutmachen? Er stand tief in seiner Schuld.

Noch am gleichen Tag machten sie sich auf den Weg zum Strand. Ein Holzkutter hatte dort angelegt, der sie über das Meer bringen sollte. Er war nicht besonders groß, vielleicht war darauf Platz für zwanzig Personen.

Doch es waren annähernd siebzig Menschen, die den Schleppern Geld für die Überfahrt bezahlt hatten. Siebzig Menschen saßen dicht aneinandergedrängt, niemand konnte den einmal eingenommenen Platz verlassen. Nachdem einer der Schlepper von jedem das Geld kassiert und alle in dem Boot Platz genommen hatten, fragte er, ob jemand einen Außenbordmotor bedienen könne. Niemand hatte bislang Erfahrung damit, und deswegen erklärte er mit wenigen Worten, was zu tun sein. Dann mussten sie ablegen. Allein. Mit zwei Reservekanistern Benzin, ein paar Kanistern Trinkwasser und der Anweisung, immer geradeaus zu fahren. Einen Kompass, ein Navigationsgerät oder auch nur Schwimmwesten gab es nicht an Bord.

Langsam entfernten sie sich von der Küste. Je weiter sie aufs Meer hinauskamen, umso stärker wurde der Seegang. Einige wurden seekrank, mussten sich übergeben. Auch Mathuk gehörte zu ihnen. Drei Tage und drei Nächte waren sie nun schon unterwegs, immer auf den Wellen hoch und runter, hoch und runter. Jeder versuchte, sich irgendwie an dem Sitz festzuhalten. Einschlafen wollte niemand. Alle hatten Angst, sie könnten mit der nächsten Welle über Bord gehen. Denn schwimmen konnte keiner von ihnen.

Nachdem der Wasservorrat schon aufgebraucht war, fiel am vierten Tag der Motor aus. Auf dem offenen Meer trieben sie dahin. Tagsüber war es heiß, und sie wussten, sie würden es ohne Wasser nicht mehr lange aushalten. Den sicheren Tod vor Augen fingen viele an zu beten. Auch Abdil gehörte zu denen, die keine Kraft mehr hatten.

»Abdil, bitte, du darfst nicht aufgeben!«, flehte Mathuk. Doch er war schon zu schwach, um noch zu antworten. Warum hatte er nicht rechtzeitig etwas gesagt? Mathuk hätte ihm gerne von seiner Wasserration etwas abgegeben!

In der folgenden Nacht starb Abdil. Auch ein Säugling war am Morgen tot, doch die Mutter wollte es nicht wahrhaben. Sie redete mit ihm, sie wiegte ihn in ihren Armen hin und her.

Am Morgen des sechsten Tages wurden sie von der italienischen Küstenwache gerettet. Sieben Menschen waren in den beiden letzten Tagen gestorben. Mathuk hatte seinen Freund und Beschützer verloren. Wie sollte er sich jetzt allein in Europa zurechtfinden?

An Land bekamen sie Decken, man gab ihnen etwas zu essen und zu trinken, und sie wurden medizinisch versorgt. Sie hatten es geschafft, wenigstens sie. Sie waren an ihrem Ziel. Sie waren in Europa!

Freiheit, auf die sie gehofft hatten, das Wort, das sie mit Europa verbanden, erfuhren sie allerdings nicht. Im Gegenteil. Sie wurden eingesperrt. Jugendliche und Erwachsene in getrennten Zellen. Mathuk kam zu den Erwachsenen, obwohl er erst siebzehn war. Siebzehn? Ja, unterwegs war er siebzehn geworden, sicher an irgendeinem Tag auf ihrer Fahrt durch die Wüste.

Die Gefängniszelle war noch enger als die in Libyen. Fünfzig Männer waren dort eingesperrt. Hin und wieder aufstehen, ein paar Schritte gehen – unmöglich! Die Zeit schlich dahin, Tage, Wochen, Monate – Zeit der Ungewissheit.

War dies das Ziel ihrer Flucht? Würde man sie von hier wieder zurückschicken, vielleicht mit einem Flugzeug? War dies das Europa, von dem sie geträumt hatten, von dem sie sich erzählt, sich Mut gemacht hatten, wenn sie erschöpft waren? Hier waren sie nicht willkommen, das spürten sie Tag für Tag.

Irgendwann bekam Mathuk Ausgang. Einer der Wärter genehmigte es ihm. Vielleicht deswegen, weil er der jüngste war. Er hat den Grund nie herausgefunden.

Mathuk streifte durch die Gegend, traf auf Landsleute, die schon länger hier waren und arbeiteten. Einer von ihnen, ein schon etwas älterer Mann, hatte wohl Mitleid mit Mathuk. Er bot ihm an, für ihn ein Flugticket nach Deutschland zu kaufen.

So landete er wenige Tage später auf dem Frankfurter Flughafen. Dort machte er seine ersten Erfahrungen mit der deutschen Polizei. Er konnte es nicht fassen! Sie fragten ihn ganz normal und höflich nach seinem Namen, seinem Alter und dem Ziel seiner Reise. »Können Polizisten so reden?«, überlegte Mathuk.

Nachdem er für einige Wochen in einem Sammellager untergebracht war, wurde er nach P. verlegt. Er war erstaunt. Er bekam ein eigenes Zimmer. Mit einem Bett, einem Schrank, einem Tisch und zwei Stühlen, einer Kochecke. Auch eine Dusche mit Toilette war in einem separaten Raum, nur für ihn! Welch ein Luxus!

Er war nicht der einzige Mensch in diesem Haus, der sein Heimatland verlassen musste. In den nächsten Tagen lernte er die Frau mit den drei Kindern aus Simbabwe kennen, die im Parterre wohnte, die vierköpfige Familie aus Pakistan, eine aus Afghanistan und eine Familie mit fünf Kindern aus Syrien.

… Syrien

»Sind wir jetzt hier zu Hause?«, fragte Akilah. Sie rümpfte die Nase, denn hier gefiel es ihr ganz und gar nicht.

»Nein«, sagte die Mutter, »wir werden noch weiterziehen.«

»Wohin denn?« Akilah war sehr neugierig für ihr Alter. Ständig stellte sie Fragen, die Kinder in anderen Ländern mit drei Jahren noch nicht stellen. Nicht stellen müssen.

»Warum werden all die Häuser kaputt gemacht?«

»Warum liegen Menschen auf den Straßen? Können die nicht mehr weglaufen?«

»Warum dürfen wir nicht aus dem Fenster schauen?«

»Warum sollen wir auf dem Boden liegen, wenn wir fernsehen?«

Und nun stellte sie die Frage nach dem neuen Zuhause.

Wie gerne wäre sie in Homs geblieben. Dort hatte sie ihr Zimmer, ihre Spielsachen. Dort kannte sie sich aus. Dort wollte sie bleiben! Die Gefahr, der nicht nur sie, sondern die ganze Familie ausgesetzt war, kannte sie nicht. Akilah wurde im Krieg geboren. Bomben, Raketen und das Rattern von Maschinengewehren begleiteten sie durch ihr ganzes junges Leben. Das war ihr Alltag.

Mitten in Homs hatte Familie Karam eine geräumige Eigentumswohnung. Einige Jahre, bevor der Krieg ausgebrochen war, hatten sie sich diese eigenen vier Wände geleistet. Homs war ihre Stadt. Herr und Frau Karam wurden hier geboren, sie sind in dieser Stadt zur Schule gegangen, hatten dort auch nach dem Abitur studiert. Beide Medizin. Während des Studiums lernten sie sich kennen und lieben.

Die Wohnung im Stadtzentrum von Homs war gleichzeitig auch

der Start in ihr gemeinsames Leben. Sie hatten sich, unweit ihrer Wohnung, eine Arztpraxis aufgebaut. Sie mochten ihren Beruf, sie mochten diese Stadt. Hier lebten auch die Eltern, die Geschwister, nähere und weitere Verwandte. Hier hatten sie Freunde, mit denen sie sich oft trafen.

Als die Kinder geboren wurden, hatten sie Unterstützung durch die Familie. Es war selbstverständlich, dass man füreinander da war. So konnten beide Eltern auch nach der Geburt ihrer Kinder weiter arbeiten.

Die politischen Spannungen im Land registrierten sie sehr genau, und als 2011 der Bürgerkrieg ausbrach, hatten sie anfangs die Hoffnung, er bliebe eine kurze Episode. Doch ihre Hoffnung wurde getäuscht, von Tag zu Tag nahm der Krieg grausamere Formen an. Immer öfter wurde die Stadt Ziel von Bomben- und Raketenangriffen.

An manchen Tagen war es für Herrn und Frau Karam zu gefährlich, in ihre Praxis zu fahren, weil die Milizen durch die Straßen patrouillierten und auf alle beweglichen Ziele das Feuer eröffneten.

An diesen Tagen waren sie gezwungen, in ihrer Wohnung zu bleiben und die Eltern mussten ihren Kindern verbieten, aus dem Fenster zu schauen, denn auch Bewegungen hinter den Fensterscheiben wurden mit Maschinengewehrsalven quittiert.

Gegen die Langeweile, aber auch gegen die Angst, half an diesen Tagen nur der Fernseher. Die ganze Familie lag flach auf dem Boden und folgte den Bildern auf dem Bildschirm. Liegen mussten sie, damit ihre Körper keine Ziele für Gewehrschüsse bildeten. Manchmal sahen sie amerikanische Westernfilme, und wenn darin jemand erschossen wurde, erklärten die Eltern ihren Kindern, dass sei nur ein Film, die Menschen, die darin tot umfielen, würden nach den Dreharbeiten wieder aufstehen und ganz normal weiterleben. Anders sei es im richtigen Krieg, wie er sich in dieser Stadt abspielte. Diese Toten seien tatsächlich tot.

Um der Gefahr in Homs zumindest zeitweise zu entgehen, kaufte die Familie ein kleines Haus am Stadtrand. Hierhin zogen sie sich zurück, wenn neue Angriffe auf das Stadtzentrum absehbar waren.

Herr Karam erinnerte sich an seine erste Nacht in dieser neuen Bleibe. Er konnte nicht schlafen. Es war einfach zu ruhig. Keine Bomben, keine Raketen, nicht einmal Gewehrschüsse waren zu hören. Das war ungewohnt, denn in ihrer Stadtwohnung hörten sie Nacht für Nacht diesen Lärm. Meist wurde er davon kurz aufgeweckt, drehte sich aber gleich wieder um und schlief weiter. Den Kindern ging es ganz ähnlich. Aber sie genossen es, draußen spielen zu können und mit den Kindern, die hier ständig lebten, Freundschaften schließen zu können.

Zwei Jahre tobte dieser Bürgerkrieg schon, als ihnen die Grundlage ihrer Existenz genommen wurde. Ihre Arztpraxis war Ziel eines Raketenangriffs.

Sollten sie neue Räume mieten? Noch einmal von vorne beginnen?

Es waren viele Dinge, die sie dazu brachten, das Land zu verlassen. Verwandte und Freunde waren in den letzten Monaten in diesem Krieg umgekommen. Ihren Kindern, wenn sie mal zur Schule gingen, war es nicht immer möglich, nach Unterrichtsschluss nach Hause zu kommen, weil in der Gegend um die Schule herum gekämpft wurde. In solchen Nächten taten die Eltern aus Angst kein Auge zu.

Sie verkauften, was sie besaßen und flogen in den Libanon.

»Sind wir jetzt hier zu Hause?« Diese Frage stellte Akilah hier zum ersten Mal, als sie in einem Flüchtlingslager ankamen. Nein, dies würde sicher nicht ihre neue Heimat werden. Das war Familie Karam bereits nach kurzer Zeit klar.

Was hatten sie sich erhofft? Zunächst einmal wollten sie nur der tödlichen Gefahr in ihrer Heimatstadt entfliehen. Gehofft hatten sie, dass sie vielleicht hier im Libanon arbeiten könnten. Doch daraus wurde nichts. Zu viele Menschen waren hier, die zunächst einmal nur überleben wollten. Der Aufbau eines neuen Lebens war nicht vorgesehen.

Familie Karam hatte zwei Möglichkeiten, um der Situation im Flüchtlingslager zu entkommen: zurückkehren nach Homs und damit ihr Leben riskieren oder weiter nach Europa flüchten und auf dem Fluchtweg das Leben riskieren.

Sie entschieden sich für die Flucht.

Etwas Geld hatten sie noch, damit kauften sie Flugtickets, um in die Türkei zu gelangen.

»Sind wir jetzt hier zu Hause?«, kam wieder die Frage der Tochter. Sie bekamen ein kleines, dunkles Hotelzimmer zugewiesen. Muffig roch es dort.

»Nein«, sagte ihre Mutter, »das ist ganz sicher noch nicht unser neues Zuhause! Wir müssen weiter!«

In Slowenien musste Akilah die Frage nach dem Zuhause erst gar nicht stellen. Sie wurden wieder in einer Massenunterkunft einquartiert, und von morgens bis abends ließ man sie spüren, dass sie nicht willkommen waren. Frau Karam weinte jeden Tag, den sie in dieser Unterkunft verbrachten.

Nach wenigen Wochen bekamen sie die Nachricht, sie könnten ganz offiziell weiterreisen. Die Geflüchteten wurden auf verschiedene europäische Länder aufgeteilt. Nach Schweden sollten sie. Mit dem Zug.

Einige Tage waren sie unterwegs, der Zug hielt an vielen Stationen. Menschen, die wie sie aus ihren Heimatländern geflüchtet waren, stiegen aus, andere stiegen ein. Der Zug war immer voll.

»Sind wir jetzt zu Hause?« Akilah hoffte, dass Schweden nicht ihre neue Heimat werden würde. Hier in Schweden war es kalt. Die Menschen, mit denen sie zu tun hatten, redeten nur wenig. Nein, in Schweden wollte sie nicht leben. Niemand aus der Familie wollte das. Außerdem würde das Asylverfahren sehr lange dauern. Das hatten sie bald in Erfahrung gebracht. Schweden – ein offenes, ein fortschrittliches Land? Das hatten sie sich anders vorgestellt. Es war nicht nur die wetterbedingte Kälte, die sie zum Nachdenken veranlasste, das Land wieder zu verlassen. Sie fühlten sich nicht angenommen.

Wo konnten sie noch hin? Was sollte aus ihnen werden? Jetzt hatten sie Europa fast ganz durchquert und niemand hatte sie aufgenommen. Würde man sie zurückschicken nach Syrien, in das Land, das Tag für Tag mehr zerbombt wurde? In ein Land, das ihnen – zumindest derzeit – keine Perspektive bot außer der, im Bombenhagel umzukommen?

Sie wurden nicht nach Syrien zurückgeschickt. Sie nutzten ein Angebot der schwedischen Behörden, das Land wieder zu verlassen. Mit einem Flugzeug flogen sie bis Frankfurt. Nach wenigen Tagen Aufenthalt in einer Turnhalle nahe Frankfurt wurden sie nach P. gebracht.

»Ist das jetzt endlich unser neues Zuhause?«, fragte Akilah zum letzten Mal. Sie streifte durch die Zimmer der Wohnung, die man ihnen zugewiesen hatte. »Hier ist es schön, aber zu Hause bin ich nur in Homs. Da liegt noch meine Puppe und wartet auf mich!«

Täglich verfolgt Familie Karam die Nachrichten aus Syrien, besonders die aus Homs. Sie leben in ständiger Angst, dass jemand aus der Familie oder dem Freundeskreis dort stirbt. Gerade erst vor wenigen Tagen war ein Nachbar ums Leben gekommen. Ein Mann, den sie gut kannten. Die Nachricht von seinem Tod war nicht die erste Schreckensnachricht auf ihrer Flucht. Schon mehrfach mussten sie erfahren, dass Menschen, die sie gut kannten, mit denen sie befreundet waren, aber auch Verwandte, bei Anschlägen starben.

»Gut, dass wir hier in Sicherheit leben«, betont Herr Karam in vielen seiner Gespräche mit Deutschen, »die Kinder können hier ohne Angst auf der Straße spielen, sich mit Freunden treffen. Sie gehen hier zur Schule, sie lernen die Sprache. Sie können hier eine Zukunft in Sicherheit haben!«

... Pakistan

Jetzt musste er handeln. Er hatte keine andere Wahl mehr. Bis zu seinem Haus waren sie vorgedrungen. Weiter noch! Die Morddrohung, aufgeschrieben auf einem Stück Papier, hatten sie unter der Wohnungstür direkt in den Flur geschoben.

Den ganzen Tag über war er schon unruhig, lief von einem Zimmer ins nächste, setzte sich hin, um kurz darauf wieder aufzustehen und umherzulaufen. Gerade so, als würde er auf etwas warten, als habe er eine Vorahnung von etwas Schrecklichem.

Als er die Mitteilung gefunden und gelesen hatte, stürzte er zum Fenster. Er wollte sehen, wer ihm und seiner Familie diese Drohung überbracht hatte. Entdecken konnte er niemanden.

Wortlos drückte er seiner Frau das Papier in die Hand. Und genauso wortlos waren sie sich in dem Augenblick einig, dass sie das Land verlassen mussten. So schnell wie möglich.

Welche Konsequenzen diese Drohung für sie haben könnte, hatten sie in den letzten Wochen und Monaten im Freundeskreis hautnah erlebt.

Familie Khosa gehört zu der Religionsgruppe der Shia, einer Untergruppierung des Islam. Sie wird von pakistanischen Taliban-Milizen schon seit vielen Jahren terrorisiert. Häufig finden Anschläge gezielt vor oder auch in Moscheen statt.

Familie Khosa musste das selbst erleben. Der Vater von Frau Khosa war eines Tages mit seinem jüngsten Sohn, er war gerade mal elf Jahre alt, in der Moschee zum Beten. Mitten im Gebet stürmten Milizen ins Innere und schossen mit ihren Maschinengewehren in die Menge der

Gläubigen. Fast alle waren tot. Fast alle. Der Vater hatte wohl im letzten Augenblick die Gefahr erkannt und sich schützend über seinen Sohn geworfen. Eine Maschinengewehrsalve traf den alten Mann. Blutüberströmt lag er auf dem Boden. Als alles wieder ruhig war, kroch der Junge langsam unter dem Vater hervor. Er war unverletzt geblieben. Sein Körper hatte keine Wunden. Doch Nacht für Nacht wachte er schreiend auf. Er brauchte Medikamente, damit er wieder schlafen konnte. Aber sie halfen nicht lange. Angstzustände und Panikattacken beherrschten irgendwann nicht nur sein Leben, sondern auch das der ganzen Familie. Zuerst wurde er in ein Krankenhaus eingeliefert, später in eine Psychiatrie.

Die Zugehörigkeit zu der Religionsgruppe der Shia war das eine Problem, das andere war der Beruf von Herrn Khosa. Er war Anwalt, Anwalt für Menschenrechte. Ein von den Taliban wenig geliebter Beruf.

Nicht nur Herr Khosa erhielt Morddrohungen, sondern auch seine Anwaltskollegen, mit denen er zusammen in der Kanzlei arbeitete. Sicher hatten alle Angst, wenn ihnen wieder gedroht wurde. Doch welche Möglichkeiten hatten sie, sich zur Wehr zu setzen? Die Polizei einschalten? Das war zwecklos. Selbst wenn es Tatverdächtige gab. Die Polizei würde nichts gegen terroristische Bedrohungen unternehmen. Auch aus Angst.

Sollten sie flüchten? Darüber hatten sie ebenfalls im Kollegenkreis gesprochen. Die Meinungen waren geteilt. Sie waren Anwälte, Rechtsanwälte! Dieser Beruf würde in ihrem Land gebraucht werden. Dringend! Er war so notwendig wie das tägliche Brot. Ohne ihren Berufsstand sahen sie das Land noch mehr im Chaos versinken. Andererseits entging ihnen auch nicht, dass gerade ihr Berufsstand Ziel von Anschlägen war. Tote Anwälte konnten für ihr Land nicht mehr eintreten.

Familie Khosa war mit der Familie eines Kollegen von Herrn Khosa befreundet. Sie waren etwa im gleichen Alter, hatten ähnliche Interessen, und jede Familie hatte zwei Kinder, die gerne miteinander spielten. So blieb es nicht aus, dass die beiden Familien sich so oft wie möglich trafen, damit die Kinder etwas Abwechslung in ihrem Alltag hatten. Denn mit Freunden draußen zu spielen, das war, gerade nach den Morddrohungen, nicht möglich.

Als sie an einem Abend zusammensaßen, sprach die befreundete Familie über ihre bevorstehende Flucht nach Europa. Sie hatten in den letzten Tagen wiederholt Morddrohungen erhalten, die sie nun sehr ernst nahmen, denn die potenziellen Täter waren bis zu ihrem Haus vorgedrungen. Name und Adresse der Opfer standen damit definitiv fest.

An ihrem Entschluss war nicht mehr zu rütteln, sie wollten sich und vor allem aber die Kinder in Sicherheit bringen. Ausgeschlossen bei ihren Überlegungen hatten sie von Anfang an, dass der Vater zuerst allein in Europa Zuflucht suchte und die Familie nachholen würde. Alle Vorbereitungen waren getroffen, sie hatten über eine Schlepperorganisation neue Pässe und Flugtickets besorgt, in zwei Tagen wollten sie starten.

Doch zu der Flucht kam es nicht mehr. Bereits am nächsten Tag fand man die ganze Familie vor dem Haus. Tot. Erschossen. Regelrecht hingerichtet. Selbst die Kinder.

Herr Khosa konnte diesen Anblick nicht ertragen. War das wirklich die befreundete Familie? Waren sie wirklich tot? Unfassbar! Hatten sie mit ihrer Flucht zu lange gewartet? Hätten sie die Drohungen schon viel früher ernst nehmen müssen? Bei all den Fragen, bei all dem Entsetzen merkte Herr Khosa nicht, wie ihm die Tränen über die Wangen liefen.

Nun musste er handeln. Noch am gleichen Tag beschloss er gemeinsam mit seiner Frau, alles Ersparte und das, was man schnell zu Geld machen konnte, zu verkaufen, um mit diesem Geld die Flucht zu finanzieren. Alles musste jetzt sehr schnell gehen.

Die Drohungen kamen öfter. Einmal wurde ihnen ein in Papier eingewickelter Stein durch das Fenster in die Wohnung geworfen. IHR SEID DIE NÄCHSTEN!, stand darauf geschrieben. Das Klirren der zerberstenden Scheibe ging ihm durch und durch. Dieses Geräusch würde er niemals vergessen.

Herr Khosa war der Einzige, der noch das Haus verließ. Auf Umwegen fuhr er gelegentlich noch ins Büro, ansonsten nutzte er die Fahrt in die Stadt, um bei Schleppern neue Pässe und Flugtickets zu besorgen. Nach wenigen Tagen hatte er alles zusammen. Was sie nicht mehr hatten, war Geld. Das hatte er in eine Idee investiert: Sicherheit. Daran glaubte er. Die würde für ihn und seine Familie in Europa zur Realität werden. Dafür hatte er in seiner Heimat alles aufgegeben.

Trotz allem war es nicht leicht, das Land zu verlassen. Ohne Abschied mussten sie sich von ihren Familien und Freunden trennen. Die Ungewissheit beschlich sie, ob sie sie jemals wiedersehen würden.

Vom Flughafen Karatschi flogen sie über Dubai, Athen, Brüssel und landeten schließlich in Köln.

Seit einigen Monaten lebten sie nun in P. Sie waren in Sicherheit. Keine Morddrohungen mehr, keine in Papier gewickelte Steine, die in die Wohnung flogen. Sie freuten sich darüber, dass ihre Kinder wieder draußen spielen konnten, Freunde fanden und die neue Sprache lernten.

... Simbabwe

Mary kann nicht reden. Wie schwere Steine sitzen ihre Erlebnisse fest in ihrer Brust. Unbeweglich. Nichts dringt nach außen. Die Steine liegen im Weg.

Was macht sie hier? Wie ist sie hierhergekommen? Sind die Kinder auch da? Sie prüft das mehrmals am Tag. Das beruhigt sie. Die Kinder sind bei ihr. Joshua, ihr ältester Sohn, unterstützt sie. Er achtet auf seine beiden kleinen Schwestern, wenn sie müde ist, wenn sie sich hinlegen muss. Sie muss sich oft hinlegen. Schlafen kann sie nur selten und wenn, dann ganz unruhig. Sie träumt, schreckt hoch, weiß aber bald, dass es nur ein Traum war. Es ist immer der gleiche Traum. Oder ist es doch kein Traum? Wiederholt sich die Wirklichkeit ständig? Nein, das kann nicht sein, es sind Träume, Abbildungen der Realität.

Bevor ihr die Bilder zum ersten Mal im Traum erschienen, hatte sie sie gesehen. In der Wirklichkeit. Wie gerne hätte sie in diesem Moment ihre Augen verschlossen oder zumindest weggeschaut. Aber das schaffte sie nicht. Als sie das sah, was später als Bilder in ihren Träumen auftauchte, hatte sie versucht zu schreien. Ihren ganzen Schmerz über diesen Anblick wollte sie sich aus dem Leib brüllen. Doch das ging nicht. Ihre Stimme versagte. Keinen Ton brachte sie heraus. Die Steine. Zum ersten Mal verspürte sie diese Steine. Sie verhinderten ihren Schrei. Sie mauerten ihren Schmerz im Körper ein.

Freunde hatten Mary gefunden. Kniend neben ihrem Mann. Blutüberströmt lag er vor ihr. Sie streckte die Hände gen Himmel, ihr Mund stand zum Schrei offen, doch kein Laut kam heraus. Sie mussten sie wegtragen, weit genug weg. Sie sollte ihren Mann nicht mehr so sehen. Mary wollte sich zur Wehr setzen, doch sie hatte keine Kraft dazu. Sie ließ einfach alles geschehen. Freunde brachten sie nach Hause, holten einen Arzt, der ihr eine Beruhigungsspritze gab, kümmerten sich um die Kinder.

Sie kamen jeden Tag, halfen ihr, meinten es gut mit ihr. »Du musst hier weg!«, redeten sie auf sie ein. »Du und deine Kinder, ihr müsst weg! Weit weg!« Darin waren sich die Freunde einig. Ihren Mann hatten die Regierungsanhänger auf dem Gewissen. Und auch in diesem Punkt waren sie sich einig: Er musste sterben, weil er sich als Journalist für freie Wahlen eingesetzt hatte. Wenn sie ihn gefunden hatten, würden sie bestimmt auch nicht vor Mary haltmachen. Abschreckung, Zeichen setzen, das war ihre Devise.

Die Freunde sammelten Geld. Für die Flugtickets und um die Mitarbeiter der Fluggesellschaft zu bestechen.

Sie brachten Mary zum Flughafen, umarmten sie ein letztes Mal, übergaben sie und die Kinder einer Stewardess.

Mary hatte noch nicht realisiert, was um sie herum vorging. Saß sie tatsächlich in einem Flugzeug oder träumte sie das? Alles war für sie so fremd, so unwirklich.

Der Flug dauerte viele Stunden. Es gab einige Zwischenlandungen. Ihr Zielflughafen war Köln.

Wo war sie hier? Was sollte sie hier tun? Ein Wort hatten die Freunde ihr mit auf die Flucht gegeben. »Asyl«. Auf dem Flug hatte sie es einige Male vor sich hin gesagt. Das Wort musste wohl wichtig sein, so, wie die Freunde es ihr vermittelt hatten. Dieses Wort sollte sie sagen, wenn sie nach dem Grund ihrer Reise gefragt wurde.

Jetzt sagte sie es. Formalitäten musste sie über sich ergehen lassen, Unterschriften leisten, dann wurde sie mit den Kindern weggebracht. Zunächst in eine Sammelunterkunft, wenige Tage später bekam sie eine Wohnung in P.

Wenn sie von den Hausbewohnern oder den Nachbarn nach ihrem

Mann gefragt wurde, lockerte sich manchmal einer der vielen Steine etwas.

»Gestorben«, sagte sie dann und wendete sich ab. Mehr konnte sie nicht preisgeben. Das musste genügen.

Erstmals kam so etwas wie Freude in ihr auf, als sie merkte, wie gut Joshua in dieser neuen Welt zurechtkam. Er hatte Freunde im Haus, Freunde in der Schule und schon nach wenigen Wochen spielte er in der Fußballmannschaft mit.

Langsam lernte Mary, alltägliche Dinge zu erledigen. Zunächst im Haushalt, später wagte sie sich auch nach draußen, ging einkaufen, und mit ihren beiden kleinen Töchtern unternahm sie Spaziergänge. Langsam wurde sie sicherer.

TEIL 2
Die Tat

»… im Schatten von Pegida hat sich der braune Mob, haben sich die besorgt nennenden, sich im Rausch verwandelnden Bürger zu Taten aufgerufen gesehen.«

Hajo Funke, Extremismusforscher

Der Anschlag

»Wenn der Neger brennt, dann werde ich richtig feiern!«

An diesen Satz erinnerte sich Beate, als sie von einer Beamtin auf dem Polizeirevier zu dem Tathergang in der letzten Nacht befragt wurde. Robert hatte ihn auf der Rückfahrt, nachdem er den Molotowcocktail in die Flüchtlingsunterkunft geworfen hatte, im Auto nach hinten zu Matze gerufen, sich dabei mit beiden Händen auf die Oberschenkel geklopft und laut gelacht. Auch Matze kugelte sich vor Lachen.

Warum sie sich gerade an diesen Satz erinnerte, konnte sie nicht sagen. Vielleicht weil er so unbegreiflich klang. Vielleicht weil er sich zu einer Wahrheit hätte entwickeln können. Vielleicht aber auch deswegen, weil Robert ihn ausgesprochen hatte. Robert, ausgerechnet er. Ihm hätte sie das nie zugetraut. Sie kannte ihn. Gut kannte sie ihn. Sie waren einmal ein Paar. Vielleicht war er sogar ihre erste große Liebe. Lange her. Aus der Liebe wurde wieder Freundschaft. Dachte sie. Weil sie zu ihm aufblickte und das mochte er. Deswegen erwiderte er die Freundschaft. Sie wollte und brauchte das. Sie hatte sonst keine Freunde. Wer mag sich schon mit einer Frau treffen, die zwei Kinder hat? Die stören doch bloß.

Robert. Sie hätte nicht gedacht, dass er zu dem fähig wäre, was sie kurz zuvor gesehen hatte. Sie wollte zunächst ihren Augen nicht trauen. Aber er hatte dieses brennende Ding tatsächlich geworfen. Das Klirren der Fensterscheibe war trotz des laufenden Motors deutlich zu hören. Sonst machte er immer nur Sprüche, kündigte Taten an. Worthülsen. Bislang.

Verurteilen würde sie ihn nicht für das, was er getan hatte. Wie könnte sie auch? Sie hatte ihn ja unterstützt, ihm geholfen, die Tat auszuführen. Hatte sie das getan? Doch, ja, sie hatte sie zu dem Asylbewerberheim hingefahren.

Widersprochen hatte sie ihm auch nicht, als Robert mit Matze den Plan aussheckte. Zustimmend hatte sie zu allem genickt und gesagt, man müsse endlich mal ein Zeichen setzen gegen diese Asylantenwelle. Dieses Wort hatte sie in einer Nachrichtensendung von einem Politiker aufgeschnappt, der über die Flüchtlingsbewegung nach Europa befragt wurde. Und dazu die Bilder der Menschen, die in schier endlosen Karawanen auf dem Weg durch Europa waren, um in einem der Länder Schutz zu finden. Sie verstand nicht, warum diese Menschen ihre Heimatländer verließen, sie sah nur die Bilder unzähliger Männer, Frauen und Kinder, die in ihren Augen wie Heuschrecken in Europa einfielen. Sie fühlte sich bedroht vom Anblick dieser Bilder. Sie wollte diese Menschen weder in ihrer Nachbarschaft noch in ihrem Ort haben. Ihre Ruhe wollte sie, sich nicht auch noch mit Dingen beschäftigen, die diese Menschen aus ihren Heimatländern vertrieb. Und nun hier Wohnungen belagerten, Leistungen beanspruchten und von Gutmenschen umsorgt wurden. Nein, damit wollte sie sich nicht beschäftigen. Probleme hatte sie mit sich selbst genug, da passten keine weiteren mehr in ihr Leben. Gerade auch deswegen unterstützte sie den Plan von Robert und Matze, denn die Bedrohung, die sie durch die Fernsehbilder empfand, war bereits vor Ort.

Ob Robert diesen entscheidenden Schritt, hin zu der Tat, wirklich tun würde? Oder würde er, wie schon so oft, nur darüber reden und kurz vor der Ausführung einen Rückzieher machen? Bis zum letzten Augenblick glaubte sie nicht daran, dass er den Plan tatsächlich in die Tat umsetzen würde.

Doch jetzt, hier auf dem Polizeipräsidium, wollte sie nicht mehr daran denken. Sie war müde. Schlafen wollte sie. Einfach nur schlafen. An nichts mehr denken. Abschalten. Aber wo würde sie schlafen?

Würde man sie nach Hause gehen lassen? Zu ihren Kindern? Eher nicht! So viel wusste sie aus Kriminalfilmen, dass man nach einer vorläufigen Festnahme nicht einfach wieder nach Hause konnte. Und sie war ja festgenommen worden. Zumindest als Mittäterin, wie ihr der Polizist vorgehalten hatte, als er ihr die Handschellen umlegte.

»Ich kann nicht mehr«, sagte sie zu der Beamtin, die sie seit ein paar Stunden verhörte, »ich bin müde und fühle mich total leer.«

Die Ellenbogen auf der Tischplatte, stützte sie ihren Kopf mit beiden Händen. Sie hatte Mühe, die Augen offen zu halten.

»Mehr als das, was ich ihnen erzählt habe, kann ich nicht sagen. Mehr gibt es nicht zu sagen. Von meiner Seite aus.«

Es war so viel passiert in den beiden letzten Tagen. Alles war bei der Vernehmung noch einmal hochgekommen. Bohrende Fragen der Beamtin, die sie zum Sprechen brachten.

Begonnen hatte der Abend wie schon ungezählte Abende zuvor. Sie trafen sich in ihrem Klub, was eine etwas hochtrabende Bezeichnung für diesen Raum war. Es war die ehemalige Werkstatt von Roberts Großvater. Bauern aus der Region ließen hier früher ihre Maschinen reparieren. Auch die Ausstattung glich nicht der eines Klubs. Zwei Biertische mit Bänken gab es dort, einen Kühlschrank für die Getränke und eine fest installierte Musikanlage.

Robert hatte dem Klub einen Namen gegeben, der für Außenstehende nur aus zwei Ziffern bestand. Diese beiden Ziffern brachte er auch als Hausnummer neben der Eingangstür an. 18. Matze streckte den Daumen nach oben, als Robert ihm das zeigte. Beate konnte mit den beiden Ziffern zunächst nichts anfangen, bis Robert es ihr auf ihre Frage hin erklärte.

»Diese beiden Ziffern markieren jeweils die Position im Alphabet. Die ›1‹ steht für das ›A‹, die ›8‹ für das ›H‹.«

Beate sah ihn fragend an.

»In gewissen Kreisen«, erklärte Robert weiter, »stehen diese beiden Buchstaben für ›Adolf Hitler‹«.

»Und, gehörst du zu diesen gewissen Kreisen?«, wollte Beate wissen.

Robert hob beide Hände, grinste und schaute sie vielsagend an. Eine Antwort blieb er ihr schuldig.

Doch Beate wusste, er gehörte dazu. Matze auch. Und sie selbst? Na, irgendwie schon auch.

Seitdem er die Nummer neben der Eingangstür angebracht hatte, lud er öfter über WhatsApp seinen Freundeskreis ein. Meist an Wochenenden. »An dem und dem Tag um diese Zeit treffen wir uns im ›Club 18‹!« Manchmal setzte er auch noch ein »Sieg Heil« darunter, oder ein Hakenkreuz, und wenn es eine wichtige Mitteilung war, setzte er gleich mehrere Hakenkreuze darunter.

Beate empfand nichts dabei, wenn sie eine solche Einladung las. Das war normal.

Zu diesem Abend hatte Robert niemanden ausdrücklich eingeladen. Es war auch ein gewöhnlicher Wochentag, ein Arbeitstag, für viele Urlaubszeit, Schwimmbadzeit. Es war Mitte August. Beate hatte er aufgetragen, zwei Flaschen Weinbrand mitzubringen. »Unsere Hausmarke, du weißt schon«, hatte er ihr über WhatsApp geschrieben. Ja, sie wusste, was Robert bevorzugte.

Außer ihm war nur noch Matze im Klub, als sie ankam. Beide hatten schon einige Biere getrunken, eine Reihe leerer Flaschen stand vor ihnen auf dem Tisch.

Zigarettenqualm und laute Musik füllten den Raum. Das kannte sie. Sie wusste auch, welche Musik dort gespielt wurde. Robert hatte eine große Sammlung von Liedern der Gruppen »Sturmwehr«, »Landser«, »Kategorie C« und noch vieler anderer Gruppen, die sie nicht kannte, aus dem Internet heruntergeladen. »Rassenkrieg« von der Gruppe »Landser« lief gerade, als sie den Raum betrat. Robert und Matze sangen den Refrain laut mit:

»Und sagst du mir,
das wäre nicht dein Bier.
Der Rassenkrieg kommt auch zu dir.«

Gut, dass der Klub am Ortsrand lag, sonst würden sich die Nachbarn über die laute Musik beschweren, zu Recht.

Robert und Matze freuten sich, als Beate mit dem Weinbrand kam.

»Komm, Schwester, trink mit uns«, lud Robert sie ein, doch Beate lehnte ab, sie müsse noch Auto fahren.

Robert füllte zwei Wassergläser mit dem hochprozentigen Getränk, kippte noch ein bisschen Cola hinein, reichte eines an Matze weiter und prostete ihm zu. Mit wenigen Schlucken hatten sie die Gläser geleert.

Beate blieb eisern, sie hielt sich an Cola, während die beiden Männer abwechselnd Bier und Weinbrand mit etwas Cola tranken.

Matze drehte die Musik etwas leiser, offenbar hatte er etwas zu erzählen.

»Ich hab heute einige Stunden im Internet zugebracht«, begann er, wurde aber von Robert gleich unterbrochen.

»Hast du dir wieder Pornos reingezogen?« Dabei klopfte er ihm lachend auf die Schulter.

Matze wurde verlegen, stotterte etwas Unverständliches vor sich hin, aber dann hatte er sich wieder gefangen. Er hoffte, dass er mit dem, was er zu sagen hatte, bei Robert punkten würde.

»Nein, nein, keine Pornos, ich war da mal auf ein paar Seiten, die über die Flüchtlingsschwemme berichtet haben. Da kann einem ja angst und bange werden, wenn man das alles sieht.« Er nahm einen Schluck aus dem Glas und erzählte weiter. »Hunderttausende wollen bei uns rein, das muss man sich mal vorstellen! Und wenn sie dann hier sind, dann kriegen die alles in den Hintern geblasen, haben nie einen Finger hier gerührt, werden aber mit unseren Steuergeldern durchgefüttert!« Er redete sich in Rage. »Und dann vermehren sie sich auch noch wie die Karnickel. Ja, und die vielen Männer, die allein unterwegs sind, die machen sich an unsere Frauen ran!«

Er goss sich Weinbrand nach.

»Hast du auch davon gehört, dass die Assis im Nachbarort in der Grundschule und in der Turnhalle untergebracht werden sollen?«, fragte Robert. Er hatte an seiner Arbeitsstelle davon gehört, konnte aber nichts dazu sagen. Vielleicht wusste Matze mehr darüber, was in seinem Heimatort vorging.

»Gerüchte gibt's«, sagte Matze. »Stell dir das mal vor! Allein die Turnhalle. Da können die Vereine ihren Sport abschreiben! Und dann noch in der Grundschule! Die muss dann anschließend generalsaniert werden!«

»Bei meinen Kindern im Kindergarten laufen schon mehrere von diesen ausländischen Bälgern rum«, ereiferte sich Beate. »Die Erzieherinnen haben für die deutschen Kinder kaum noch Zeit!«

»Und am Ende der Schlossstraße in P. ist schon eine ganze Hütte voll von diesem Gesocks. Araber, Neger, weiß der Teufel, wo die herkommen. Und welche Krankheiten die hier einschleppen können! Die sollen sich wieder auf ihren Heimweg machen, und zwar schnell!« Robert geriet langsam in Fahrt.

Matze kannte das Haus, er wohnte nur zwei Straßen davon entfernt. Direkt daneben befand sich die Bushaltestelle. Zweimal in der Woche musste er dorthin und mit dem Bus in die Kreisstadt fahren. Irgend so einen dämlichen Kurs hatte die Arbeitsagentur ihm aufgebrummt. Den musste er besuchen, damit er auch weiterhin Hartz IV bekam. Jedes Mal, wenn er kurz auf den Bus wartete, freute er sich darüber, dass noch niemand das Zeichen entfernt hat, das er vor Monaten in einer regnerischen Frühlingsnacht dort hingesprüht hatte.

Sie redeten eine Zeit lang und tranken abwechselnd Bier und Weinbrand mit Cola, Beate konsequent nur Cola, bis Robert mit der Faust auf den Tisch schlug und sagte: »Wir müssen jetzt endlich etwas tun! Wir können nicht länger warten!« Seine Stimme klang völlig klar, gerade so, als sei er noch nüchtern.

Beate und Matze schauten ihn fragend an. Was meinte er damit? Was könnten sie tun?

»Wir müssen ein Zeichen setzen!«, sagte Robert entschieden. Er schien auch schon eine Idee zu haben. Die Musik, die über seinen Laptop lief, schaltete er aus. Bei Google gab er den Suchbegriff »Molotowcocktail« ein. Er las, dann wurde er ganz geschäftig.

Aus der hinteren Ecke der Werkstatt holte er einen Eimer mit Sägespänen, einen Trichter und einen Kanister Benzin. Die erste Flasche Weinbrand hatten sie bereits geleert. Er nahm sie vom Tisch und befüllte sie mit Sägespänen.

»Was hast du vor?«, wollte Beate wissen.

»Das wird ein Molli, so wie das aussieht«, sagte Matze grinsend.

»Genau«, sagte Robert. »Hier, halte mal den Trichter, damit von dem Benzin nichts vorbeiläuft, wenn ich es in die Flasche fülle.«

Zum Schluss presste er noch einen mit Benzin gefüllten Lappen in den Flaschenhals.

»So, das müsste funktionieren! Jetzt zeigen wir's denen«, sagte er bestimmt. »Lasst uns losfahren!«

»Was hast du vor?«, fragte Beate noch einmal. Ihr war immer noch nicht ganz klar, was Robert im Schilde führte.

»Frag nicht so viel, du bist nüchtern, du bringst uns jetzt nach P.!«, befahl er, wischte die Flasche mit einem Tuch ab, kramte aus einer Kiste in der hinteren Ecke des Raumes ein paar Gummihandschuhe heraus und zog sie sich über. »Sicher ist sicher.« Er grinste. »Nun los, Beate, jetzt machen wir uns auf den Weg!«

Beate wagte es nicht, ihm zu widersprechen.

Es war lange nach Mitternacht, als sie losfuhren. Der Himmel war sternenklar. Robert saß mit dem Molotowcocktail auf dem Rücksitz,

Matze war Beifahrer. Er ahnte, was Robert vorhatte, und zeigte Beate den kürzesten Weg zum Ziel.

Bevor sie ankamen, gab Robert Anweisungen.

»Du lässt den Motor laufen, wenn wir dort sind«, befahl er Beate, »und mach das Licht aus, damit niemand das Auto erkennen kann, für den Fall, dass doch noch jemand da draußen rumturnt! Und du, Matze, verkrümelst dich auf den Rücksitz. Sag mir noch, in welchem Raum die Neger sind! Du kennst dich ja hier aus.«

»Die wohnen im Parterre hinter den beiden linken Fenstern.«

Dann ging alles ganz schnell. Kaum hatte Beate angehalten, sprang Robert aus dem Auto, rannte die paar Schritte auf das Haus zu, zündete mit seinem Feuerzeug den Stofffetzen an, der aus der Flasche herausragte, und warf sie in das Fenster. In das mit den aufgeklebten Sternen. Lautes Klirren!

Wenige Sekunden später fuhren sie ohne große Eile los. Dann fiel der Satz, an den sich Beate auf dem Polizeipräsidium erinnerte.

Robert und Matze lachten, sie konnten sich kaum noch halten. Als sie aus dem Ort rausgefahren waren, kurbelte Robert das Seitenfenster nach unten und warf die Handschuhe hinaus. »Die findet so schnell keiner«, freute er sich.

Nach wenigen Kilometern gab Matzes Piepser ein Signal ab.

»Was ist das denn?«, fragte Beate.

»Bring mich noch mal ein Stück zurück«, forderte er sie auf, »ich muss jetzt gleich den Brand löschen!«

Matze war Mitglied bei der Freiwilligen Feuerwehr und musste diesen Piepser immer dann mitnehmen, wenn er das Haus verließ, damit er über einen möglichen Einsatz informiert werden konnte.

»Dann hat es ja geklappt!«, freute sich Robert.

Einige Hundert Meter vom Brandort entfernt stieg Matze aus dem Auto. Er reihte sich in die Gruppe der Feuerwehrmänner ein, die zunächst die Bewohner aus dem Haus retteten, dann aber den Brand löschten, der im Kinderzimmer ausgebrochen war. Die Matratze hatte Feuer gefangen, das sich schnell im ganzen Raum ausgebreitet hatte.

Während des Einsatzes merkten die Feuerwehrkameraden nichts davon, dass Matze betrunken war. Er versah seine Arbeiten wie auch bei anderen Einsätzen oder bei den Übungen.

Robert war kurz vor 3 Uhr zu Hause. Seinen Hund führte er noch einmal Gassi, bevor er sich zum Schlafen hinlegte. Es würde für ihn eine kurze Nacht werden. Bereits um 6 Uhr stand er wieder auf, um 6.30 Uhr fuhr er mit dem Bus zur Arbeit.

Beate hatte mit Matze vereinbart, dass sie bei ihm im Wohnzimmer auf der Couch schlafen könne. Bevor sie sich hinlegte, wünschte sie über WhatsApp Robert und Matze »süße Träume«.

Sie würde frühmorgens nach Hause fahren, um ihre Kinder in den Kindergarten zu bringen.

Sicherheit

Mitternacht war lange vorbei. Nachdem seine Kinder eingeschlafen waren und etwas später auch seine Frau sich hingelegt hatte, saß Herr Khosa noch in der Küche. Es war schon fast zu einem Ritual geworden, seitdem sie hier wohnten. Er konnte einfach nicht schlafen und er wollte durch seine Unruhe den Schlaf seiner Frau nicht stören. Er brauchte diese Zeit in den Abend- und Nachtstunden. Er wollte nachdenken. Darüber, wie alles weitergehen könnte. Lösungen waren für ihn nicht in Sicht, zumindest keine langfristigen. Wenn er seinen Gedanken freien Lauf ließ, dann stellte er sich vor, wieder als Anwalt zu arbeiten. Vielleicht sogar hier in Deutschland. Anwalt, das war sein Beruf. Den hatte er ganz bewusst gewählt.

Nur – die Realität sah anders aus. Dass er, dass seine Frau und seine Kinder noch lebten, war Glücksache. Den Morddrohungen hatten sie gerade noch rechtzeitig entkommen können.

Nun waren sie in Deutschland. Der Alltag stellte Herausforderungen an sie, denen sich die Familie aber gewachsen sah. Besonders die Kinder. Wie schnell sie die neue Sprache lernten! Herr Khosa freute sich jeden Tag aufs Neue darüber, wie die beiden mit anderen Kindern spielten, mit ihnen redeten und lachten. In Pakistan hatte er seine Kinder nur ganz selten mal lachen gesehen. Und so rumalbern wie hier? Nie! Die Kinder genossen es, sich hier richtig austoben zu können nach all den Entbehrungen, denen sie in ihrer Heimat ausgesetzt waren.

Herr und Frau Khosa lernten in speziellen Kursen die neue Sprache. Die war eine grundlegende Voraussetzung dafür, hier in diesem Land beruflich Fuß fassen zu können.

Auch einen Antrag auf Asyl hatten sie schon gestellt. Hier, in diesem Haus, würden sie warten, bis darüber entschieden war. Wie lange würde das dauern? So sicher er auch war, dass ihre Gründe für einen Asylantrag schlüssig waren, so blieb doch ein Funke Unsicherheit, der an ihm nagte, der ihn an manchen Tagen mürbe machte, weil er schon gerne für die Zukunft geplant hätte. Doch ohne die Genehmigung gab es nur eine Gegenwart. Er wusste, er brauchte Geduld.

Nicht nur das Warten war ein Problem für ihn, sondern auch das, was er in Pakistan erlebt, was er dort gesehen hatte. Oft wachte er nachts, wenn er denn mal eingeschlafen war, schweißgebadet wieder auf. Meist waren es Bilder von Erschießungskommandos, von denen er träumte, und mal waren es Freunde, die hingerichtet wurden, oft waren es aber auch er und seine Familie, zusammen mit den beiden Kindern, die vor einer Erschießungswand standen.

Bevor in seinem Traum der Schuss knallte, schreckte er schreiend hoch. Doch auch die vielen Drohungen, die Toten nach den Anschlägen machten ihm zu schaffen. Einige der Opfer kannte er. Mal waren es Kollegen, mal Nachbarn, mal Freunde, zum Teil welche aus früheren Zeiten.

Die Träume schlugen sich auch körperlich bei ihm nieder, vor allem in Form von Magenschmerzen. Medikamente linderten sie nur etwas.

Soviel er auch an diesem Abend nachdachte, er fand keine abschließenden Antworten für seine und ihre Zukunft. Aber es tat ihm gut, Vorstellungen zu entwickeln, vielleicht ergaben sich daraus ja einmal Perspektiven. Er musste lernen, mit kleinen Schritten in die Zukunft zu gehen. Jedes neue Wort in der neuen Sprache und die Orientierung in dem neuen Land brachte ihn weiter. Schneller ging es einfach nicht. Damit musste er sich abfinden.

Gerade als er zu Bett gehen wollte, hörte er ein Geräusch. Zersplitterndes Glas. Das kannte er. Tief in seinem Inneren hatte es sich eingenistet. Mit dem Geräusch kam auch die Angst wieder zurück.

»Wir sind doch hier in Sicherheit!«, redete er sich ein und öffnete das Fenster. Sehen konnte er nur schemenhaft, wie etwa zwanzig Meter weiter auf der Straße ein Auto ohne Beleuchtung am Haus vorbeifuhr. Ein Blick nach unten verriet ihm aber, dass etwas nicht stimmte. Qualm! Aus einem der Fenster im Parterre drang Qualm nach außen. Hatte da jemand …?

Zeit zum Überlegen blieb ihm nicht. Er tat das, was er tun musste. Wenige Minuten später hatte er sich mit seiner Familie ins Freie gerettet. Auf dem Weg nach draußen klopfte er noch an die Wohnungstüren der anderen Familien, damit sie sich auch in Sicherheit bringen konnten.

Familie Karam hatte sich in ihrem neuen Zuhause schnell eingelebt. Die drei ältesten Kinder gingen aufs Gymnasium. Sie hatten die neue Sprache schnell gelernt.

Familie Karam war es wichtig, nicht nur Kontakt zu den Menschen im Haus zu pflegen, sie gingen auch auf die Nachbarn zu. Sie waren neugierig, aufgeschlossen neugierig. Es interessierte sie, wie die Menschen in Deutschland lebten, und in gleichem Maße gaben sie preis, welche Werte und Vorstellungen vom Leben für sie von Bedeutung waren.

An jenem Abend Mitte August machte die Familie einen Spaziergang durch den Ort und am Bachlauf entlang bis hin zum Sportplatz. Unterwegs wechselten sie ein paar Worte mit anderen Spaziergängern, denen sie begegneten.

Kurz nach Einbruch der Dunkelheit waren sie wieder in ihrer Wohnung. Müde und erschöpft gingen die Kinder bald zu Bett. Auch die Eltern waren müde und noch vor Mitternacht wurden in der Wohnung alle Lichter gelöscht.

Lautes Pochen und Schreien riss Herrn Karam aus dem Tiefschlaf. Erst musste er sich für einen Augenblick orientieren, wo er war und warum jemand so heftig an ihre Tür pochte. Als er das Wort »Feuer« hörte, läuteten seine Alarmglocken. Er weckte Frau und Kinder, und gemeinsam rannten sie die Treppenstufen nach unten, hinaus auf den Hof. Die Polizei kam mit Blaulicht, die Feuerwehr war schon da.

»War das eine Bombe?«, fragte Akilah.

Frozan, ihre Schwester und ihre Eltern standen schon auf dem Hof, als Familie Karam aus dem Haus kam. »Was ist passiert?«, fragte Herr Karam. Frozan zeigte nur auf das Fenster, aus dem Qualm herausdrang, dicker beißender Qualm.

»Ist der Junge …?«, wollte Frau Karam wissen. Sie traute sich nicht, die Frage zu Ende zu stellen.

»Nein, es geht ihm gut. Er hat diese Nacht ausnahmsweise im Zimmer seiner Mutter geschlafen, sonst …« Jetzt war es Frozan, die nicht mehr weiterreden konnte.

Etwas abseits von allen stand Mathuk. Er war oft allein, zu oft, fand Frozan. Sie ging auf ihn zu, sprach ihn in ihrer Muttersprache an, deren Wörter er nicht verstand. Verstanden hatte er aber Frozans Geste. Erleichtert darüber, nicht mehr allein zu sein, folgte er Frozan zu ihrer Familie.

Die Polizei sperrte das Gelände um das Haus herum mit einem Flatterband weiträumig ab.

Was war geschehen? Niemand sagte etwas. Es gab Gerüchte, nichts Genaues. Ein Brand sei gelegt worden. Von wem? Warum? Antworten auf diese Fragen gab es nicht.

Die Feuerwehr teilte Decken aus, denn es war kühl geworden. Wie glitzernde Gespenster standen sie da, fassungslos.

Die Familien drängten sich aneinander, hielten sich in den Armen und an den Händen, froh darüber, dass von ihnen niemandem etwas passiert war.

War wirklich niemandem etwas passiert? Mitten unter allen Bewohnern stand Mary. Ihre Kinder hielt sie in den Armen und weinte.

»Joshua«, wimmerte sie. »Joshua.«

Nach und nach sprach sich herum, dass ein Brandsatz in Joshuas Zimmer geworfen worden war. Er wäre sicher innerhalb kürzester Zeit an einer Rauchvergiftung gestorben, wenn er in seinem Zimmer gewesen wäre, meinte einer der Feuerwehrmänner. Die Deckenverkleidung war aus Kunststoff und durch die Hitze hatten sich giftige Dämpfe entwickelt.

Mary hatte Angst um ihre Kinder. Wie konnte sie sie schützen? Konnte sie sie überhaupt schützen? Sie fühlte sich allein, hilflos. Sie war nicht freiwillig in diesem Land. Für kurze Zeit hatte sie gehofft, hier könnte sie wieder zur Ruhe kommen.

Der Tag danach

Auf dem Couchtisch summte ihr Handy. Beate schreckte auf. Ein Blick auf ihre Armbanduhr verriet ihr, dass sie verschlafen hatte. Sie griff nach dem Handy, um zu sehen, wer ihr eine SMS geschickt hatte. Ihre Mutter. Natürlich! Fragte bestimmt wieder, wo sie die Nacht verbracht hatte und warum sie jetzt nicht zu Hause bei ihren Kindern war. Aber dann war sie über den Inhalt doch erstaunt. Woher wusste sie schon davon? Aus der Zeitung? Nicht möglich! Nachrichten aus dem Radio? Wahrscheinlich. Die schaltete sie immer ein. Wegen des Wetterberichts.

Die Nachricht lautete: »Und? Wieder was angestellt? Molotowcocktail in ein Asylbewerberheim geworfen? Nee, nee, nee!«

Wenn nicht aus dem Radio, woher sollte sie sonst schon etwas wissen? Aber wieso vermutete sie, Beate könnte damit etwas zu tun haben?

Beate antwortete ihr: »Wir haben alle schön brav im Bett gelegen und heia gemacht. Aber: Schad ja nix!«

Nun war es aber an der Zeit, dass sie sich auf den Weg machte. Ob sie noch mal kurz bei Matze ins Zimmer schauen sollte? Der schlief bestimmt noch seinen Rausch aus.

Gerade als sie die Wohnung verlassen wollte, klingelte es an der Tür. Erwartete Matze um diese Zeit schon Besuch? Egal, sie musste jetzt weg, nach Hause zu ihren Kindern. Musste Matze eben sehen, was er mit dem Besuch machte.

Dann waren es aber doch nicht irgendwelche Kumpel von ihm, die vor der Tür standen, sondern zwei Polizisten.

»Wem gehört der Wagen vor der Tür, der dunkelblaue Golf?«, fragte der eine.

»Wieso? Habe ich falsch geparkt? Ich muss jetzt sowieso weg, das Auto wird also niemanden mehr stören«, sagte Beate forsch und wollte sich an den Beamten vorbeidrücken.

»Wenn das Ihr Auto ist, dann muss ich Sie bitten mitzukommen«, sagte der zweite Polizist. »Wir müssen da einige Fragen klären.«

»Was?« Beate war völlig erstaunt.

»Ich muss jetzt erst mal Ihre Personalien feststellen. Haben Sie Ihren Ausweis dabei?«

»Was soll das?« Beate war nun sichtlich empört. So ohne jegliche Erklärung wollten sie ihre Personalien feststellen und sie zum Verhör mit ins Präsidium nehmen.

»Um was geht es denn?«, bohrte Beate noch einmal nach.

Keine Antwort.

Sie kramte in ihrer Handtasche. »Wo ist dieses blöde Ding nur?«, fluchte sie vor sich hin. Es dauerte einige Zeit, bis sie den Ausweis gefunden hatte. »Bin ich zu schnell gefahren? Habe ich gegen irgendwelche Verkehrsregeln verstoßen?«

»Okay, Frau Burg, wir werden das alles auf dem Präsidium klären. Ich muss Sie bitten, mitzukommen.«

»Ich muss aber nach Hause zu meinen Kindern!«, protestierte Beate.

»Gibt es jemanden, der sich um sie kümmern kann?«

»Ja, meine Mutter.«

»Gut, wir werden veranlassen, dass Ihre Mutter benachrichtigt wird.«

Das klang nicht gut. Das klang nach einem längeren Frage-und-Antwort-Spiel mit der Polizei.

»Geben Sie mir bitte die Adresse Ihrer Mutter, wir werden einen Streifenwagen hinschicken.«

Matze kam schlaftrunken aus seinem Zimmer.

»Was'n da los?«, lallte er und schwankte Richtung Toilette.

Einer der beiden Polizisten stellte sich neben die Tür. Als er wieder herauskam, wurde er befragt: »Haben Sie letzte Nacht bei Frau Burg im Auto gesessen?«

»Wieso, ist das verboten?«

»Ich habe Ihnen eine Frage gestellt und darauf hätte ich gerne eine Antwort! Entweder ein ›Ja‹ oder ein ›Nein‹!«

»Ich hatte letzte Nacht einen Einsatz mit der Feuerwehr«, entgegnete Matze. »Ich bin müde, ich möchte schlafen!«

»Sie können sofort wieder ins Bett gehen, wenn Sie mir die richtige Antwort gegeben haben!« Der Polizist ließ nicht locker.

»Ja, ich habe in dem Auto gesessen, kann ich jetzt schlafen?«

»Unter diesen Umständen muss ich Sie bitten mitzukommen!«

»Wieso denn, ist das ein Verbrechen, in einem Auto zu sitzen?« Matze war empört.

»Wir werden das alles auf dem Präsidium klären. Ziehen Sie sich jetzt an und dann machen wir uns auf den Weg!«

Handschellen klickten um ihre Handgelenke.

Vernehmung Beate Burg

»Frau Burg, von wann bis wann und mit wem haben Sie den gestrigen Abend verbracht?«

Beate schaute sich um. Sie konnte es nicht fassen. Träumte sie? War das ein Spiel? Hatte sie eine Rolle in einem Kriminalfilm? Sie befand sich in einem nüchternen Vernehmungsraum des Polizeipräsidiums. Zwischen ihr und der Polizistin, die sie befragte, befand sich ein Tisch, in dessen Mitte ein Aufnahmegerät stand.

»Können Sie mir sagen, worum es geht? Ich habe keine Ahnung, was los ist!« Beate wollte Zeit gewinnen, sich an diese ungewohnte

Umgebung gewöhnen. Ob es ihr gelingen würde? Sie hatte ihre Zweifel.

»Frau Burg, ich stelle hier die Fragen, und ich bitte Sie, mir darauf zu antworten. Mit wem haben Sie den Abend verbracht?«

Beate überlegte kurz. Der Polizist hatte ja schon durch eine geschickte Frage herausgefunden, dass Matze bei ihr im Auto saß. Also musste sie Robert nicht ins Spiel bringen.

»Mit Matze«, beantwortete sie knapp die Frage.

»Sie meinen, Matthias Schmitt, ist das richtig?«

Ach ja, Matze hieß eigentlich Matthias. Sie nickte.

»Können Sie die Frage mit einem ›Ja‹ oder einem ›Nein‹ beantworten?«

»Ja«, gab sie kurz zurück.

»Sie haben Herrn Schmitt zu seinem Einsatzort, der Brandstelle in P., gebracht. Ist das richtig?«

Woher wusste sie das?, überlegte Beate. Hatte sie jemand gesehen? Oder hatte Matze schon etwas gesagt? Jetzt musste sie auf der Hut sein!

Wieder nickte sie zuerst, sagte dann aber: »Ja, das habe ich.«

»Was haben Sie in den Stunden zuvor gemacht? Waren Sie gemeinsam irgendwo? Hat Sie jemand gesehen?«

»Was soll diese Fragerei, habe ich etwas verbrochen? Was wollen Sie von mir?« Beate tat sehr empört.

»Ich möchte, dass Sie meine Fragen beantworten!« Die Polizistin blieb ganz ruhig.

Beate lehnte sich zurück. Was sollte sie jetzt sagen? Wussten sie schon etwas? Oder wollte man sie in eine Falle locken? Sie brauchte Zeit, sie musste nachdenken. Doch dann, ganz unvermittelt, hörte sie sich sagen: »Ich möchte mit meinem Anwalt sprechen.« Sie kannte zwar keinen, hatte nie einen gebraucht. Dieser Satz fiel ihr ein, weil sie ihn öfter schon in Kriminalfilmen gehört hatte.

»Oh«, sagte die Polizistin, »ist die Antwort auf meine Frage so schwerwiegend? Wenn Sie möchten, können Sie einen Anwalt verständigen. Kennen Sie einen?«

Beate schüttelte den Kopf.

»Gut, dann werden wir einen Anwalt beauftragen«, half ihr die Polizistin aus der Verlegenheit.

»Ja, bitte, tun Sie das.«

»Aber die Fragen müssen Sie trotzdem beantworten, da führt kein Weg dran vorbei. Und wenn Sie uns alles erzählen, dann kann es für Sie nur von Vorteil sein. Natürlich können Sie sich vorher mit einem Anwalt beraten.«

Beate überlegte. Sie stand vom Stuhl auf, ging einige Schritte im Raum hin und her, setzte sich wieder und fing an zu reden. Zunächst stockend, doch je mehr sie erzählte, umso flüssiger redete sie. Sie beschrieb den ganzen letzten Abend, den sie zusammen mit Robert und Matze im Klub zugebracht hatte, erzählte von dem enormen Alkoholkonsum der beiden Männer und davon, wie sie den Molotowcocktail zunächst im Klub gebaut hatten und anschließend damit nach P. gefahren waren, wie Robert ihn durch eine Fensterscheibe warf, und sie endete mit dem Satz, den Robert nach der Tat lachend zu Matze nach hinten gerufen hatte.

»Und Sie konnten das nicht verhindern? Sie waren doch nüchtern! Sie mussten doch abschätzen können, welche Folgen das haben würde!« Die Polizistin schüttelte den Kopf.

»Was hätte ich tun können? Ich hab ihm wirklich nicht zugetraut, dass er das macht.«

»Gibt es noch etwas zu sagen über diesen Abend? Möchten Sie noch etwas ergänzen?«

»Nein, ich kann nicht mehr. Ich bin jetzt müde.«

»Frau Burg, Sie sind vorläufig festnehmen. Bei der Staatsanwaltschaft werden wir einen Haftbefehl beantragen. Das Verhör werden wir morgen fortsetzen und Sie dann einem Haftrichter vorführen. Der wird dann entscheiden, ob Sie weiter in Haft bleiben oder wieder nach Hause können.«

Beate war zu müde zum Protestieren. Sie wollte einfach nur noch schlafen. Ausschlafen. Auch in einer Gefängniszelle.

Vernehmung Matthias Schmitt (Matze)

Matze war die Situation auf der Polizeistation schon fast vertraut. Wie oft war er schon hier gewesen? Dreimal? Viermal? Oder noch öfter? Egal. Brandstiftung und Körperverletzung waren die Delikte, die man ihm vorwarf, wegen denen er vor Gericht stand und wegen denen er Sozialstunden leisten musste und Bewährungsstrafen erhalten hatte. Und einmal wurde er zu einer einjährigen Haftstrafe verurteilt. Außerdem hatte er einige Male den Hitlergruß in der Öffentlichkeit gezeigt. Auch dafür stand er schon vor Gericht.

»Herr Schmitt, wo waren Sie gestern Abend?«, begann der Polizist mit der Befragung.

»Kann ich bitte einen Kaffee bekommen? Ich hatte letzte Nacht einen Einsatz mit der Feuerwehr und hab nur wenig geschlafen.« Um diesen Satz zu bekräftigen, gähnte er herzhaft.

Nachdem der Kaffee dampfend vor ihm stand, er einen kräftigen Schluck genommen hatte, sagte er: »Ich hatte einen Einsatz mit der Feuerwehr. In dem Asylheim hat es gebrannt.«

»Herr Schmitt, Sie riechen noch stark nach Alkohol. Haben Sie gestern Abend viel getrunken? Haben Sie vor oder nach Ihrem Einsatz getrunken?«

»Wir haben ein Bier getrunken, als alles vorbei war.«

»Aber von nur einem Bier bekommt man nicht eine solche Fahne, wie Sie sie jetzt noch haben. Ich denke, wir machen zunächst mal eine Blutprobe.«

Nachdem sich herausgestellt hatte, dass sein Alkoholspiegel immer noch 2,6 Promille betrug, wurde er in eine Ausnüchterungszelle gebracht. Die Vernehmung würde am folgenden Tag fortgesetzt werden, teilte man ihm mit.

Durch die Befragung von Beate Burg hatte sich ergeben, dass es drei Personen waren, die nicht nur den Abend, sondern auch die Tat in der späten Nachtstunde gemeinsam begangen hatten. Robert Mühlhaus. Er war die dritte Person. Auch kein Unbekannter bei der Polizei, wie ein Blick auf den Bildschirm verriet. Aber seine Taten lagen lange zurück. Jugendsünden. Vergessen und vergeben. Wenn sich die Aussage von Frau Burg bewahrheiten sollte, woran vonseiten der Polizei zunächst kein Zweifel bestand, dann wäre Mühlhaus der Haupttäter. Der Einsatzleiter der Sonderkommission, die zur Klärung des Brandanschlages gegründet wurde, ordnete an, Herrn Mühlhaus festzunehmen. Sollte sich der Verdacht gegen ihn erhärten, würde man auch ihn dem Haftrichter vorführen. Über Herrn Schmitt musste entschieden werden, wenn er wieder nüchtern war und befragt werden konnte.

Robert Mühlhaus wurde am Nachmittag an seinem Arbeitsplatz vor den Augen seiner Kollegen festgenommen. Handschellen wurden ihm angelegt. Den Kopf nach unten gesenkt, ging er zwischen den beiden Polizisten durch die ganze Fabrikhalle auf den Ausgang zu.

Vernehmung Robert Mühlhaus

»Herr Mühlhaus, erzählen Sie, was gestern Abend und letzte Nacht passiert ist. Wo waren Sie, mit wem waren Sie zusammen, was haben Sie getan?«

Das Mikrofon auf dem Tisch war eingeschaltet, der Polizeibeamte lehnte sich auf seinem Stuhl zurück und wartete.

Robert schaute an sich herab. Was sollte er sagen? Hatten sie Matze und Beate schon befragt? Was hatten sie erzählt? Eine Frage beschäftigte ihn besonders: War das alles tatsächlich geschehen, woran er sich erinnerte? Wie im Zeitraffer sah er noch einmal alles vor sich. Wie sie zu dritt im Klub gesessen und geredet hatten, der Bierkasten, den Matze und er leer getrunken hatten, die leere Schnapsflasche und die zweite hatten sie auch schon fast ausgetrunken, die Musik im Hintergrund, seine Lieblingsmusik, »Landser«, »Störkraft«, »Kategorie C«, die Gespräche über die Bedrohung durch die Flüchtlinge – so hatte er es empfunden – und dann der Entschluss, den Molotowcocktail zu bauen. War das wirklich seine Idee gewesen? Das Zerbersten der Fensterscheibe, als er es endlich getan hatte. In der Nacht war es für ihn wie ein Showdown, als er sah, wie die brennende Flasche durch das Fenster flog. Keine Worte mehr! Taten!

War das wirklich alles geschehen?, fragte er sich jetzt. Als er nach der Tat ins Auto gesprungen war, hatte er sich gut gefühlt. Er hatte etwas getan. Etwas, das getan werden musste. Wenn nicht er, wer würde es sonst tun? Das hatte ihm auch der Kamerad gesagt, der ihm die Flugblätter in die Hand drückte. »Wir als Partei müssen Gewalt ablehnen«, hatte er erläutert, »aber wir verstehen alle, die nicht mehr zuschauen wollen, wie diese Neger sich hier niederlassen und ausbreiten. Es brodelt in der Bevölkerung, viele wünschen sich Taten. Deswegen brauchen wir Menschen, die sich zur Wehr setzen, auch mit Gewalt.«

Robert hatte oft darüber nachgedacht. Was war an Gewalt so verwerflich, wenn alles Reden nichts nutzte? Es musste doch etwas geschehen!

Jetzt hatte er etwas unternommen. War es das, was er wollte? Als er letzte Nacht noch mit seinem Hund unterwegs war, hatte er ein gutes Gefühl bei dem Gedanken, dass er endlich etwas gewagt hatte. Die kühle Nachtluft, die er tief einatmete, klärte seine Gedanken auf. Es war gut so, sagte er sich. Ein neuer Tag lag vor ihm, ein Sommertag, ein Arbeitstag. Nur wenige Stunden Schlaf würden ihm bleiben.

»Herr Mühlhaus, ich warte!«

Robert zuckte zusammen. Was war jetzt? Welche Frage hatte der Polizeibeamte gestellt? Was sollte er ihm antworten? Unsicherheit machte sich in ihm breit. Gehörte es dazu, dass man sich den Fragen der Polizei stellen musste, wenn man etwas Richtiges getan hatte?

»Ja«, sagte Robert, »wir waren bei mir im Klub, das heißt, eigentlich war das mal die Werkstatt von meinem Opa. Da treffen wir uns öfter und lassen den Tag ausklingen.«

Vorsichtig wollte er mit seinen Antworten sein, das hatte er sich vorgenommen. Nicht zu viel erzählen.

»Und wie muss ich mir das vorstellen, wie Sie Ihren Tag ausklingen lassen?«

»Na ja, wir sitzen zusammen, reden und trinken ein Bier.«

»Mit wem haben Sie gestern Abend Bier getrunken?«

»Matze war da und später kam noch Beate dazu.«

»Wie viel Bier haben Sie gestern Abend denn getrunken, Herr Mühlhaus?« Der Polizeibeamte hatte die Promillezahl von Matthias Schmitt genau in Erinnerung. Ob Mühlhaus auch so viel getrunken hatte?

»Ich hab keine Strichliste geführt«, begann Robert, »aber es waren sicher einige Flaschen.«

»Haben Sie außer Bier noch andere alkoholische Getränke zu sich genommen?«

Jetzt musste er aufpassen. War es für ihn gut oder schlecht, wenn er die Wahrheit sagte. Er tastete sich vor.

»Beate hatte Weinbrand mitgebracht. Davon habe ich auch etwas getrunken.«

»Etwas!«, sagte der Polizeibeamte und nickte. »Wir werden noch eine Blutprobe von Ihnen nehmen. Wer von Ihnen kam auf die Idee, den Molotowcocktail zu bauen?«

Verdammt, jetzt hatten sie ihn. Aber er konnte ja auch noch alles auf Matze schieben. Der hatte sich ja auch die Hucke vollgesoffen und konnte sich bestimmt nicht mehr erinnern. Ja, Matze hätte es genauso gut sein können wie er.

»Matze«, antwortete Robert einsilbig und schaute nach unten.

»Aha«, der Polizeibeamte nickte. »Wer kam auf die Idee, nach P. zu fahren?«

»Matze«, sagte Robert wieder. »Matze saß vorne im Auto und hat Beate den Weg gezeigt.«

Das klang doch plausibel. Matze als Ideengeber, Matze als Wegweiser.

»Herr Mühlhaus, haben Sie ein Problem damit, dass Asylbewerber in unseren Dörfern und Städten wohnen?«

Was sollte diese Frage jetzt? Wollte er ablenken oder wollte er ihn mit dieser Frage aufs Glatteis führen?

»Wissen Sie, ich habe einen Freund, der stammt aus Kasachstan. Das ist ein richtig guter Kumpel. Mit dem gehe ich sogar manchmal übers Wochenende angeln!« Hatte er damit die Frage jetzt beantwortet?

Der Polizeibeamte hakte nach.

»Herr Mühlhaus, Sie sind letzte Nacht von Ihrem Wohnort aus gezielt nach P. zu dem Haus gefahren, in dem Asylbewerber wohnen. Und Sie haben gezielt den Molotowcocktail in eines der Fenster geworfen. Vorher hatten Sie Ihren Freund noch gefragt, hinter welchem der Fenster die Neger wohnen würden! Ist das richtig?«

Verdammt, woher wusste er das? Wer hatte geplaudert? Beate oder Matze? Was konnte er jetzt noch antworten? Alles abstreiten? Schwierig!

Robert nickte. »Ja, soweit ich mich erinnern kann, hab ich das Ding geworfen.« Jetzt war es raus. Er hatte gestanden. So ein Mist! Konnte er sich noch rausreden? Erklären? Vielleicht sogar verharmlosen?

»Aber«, fügte er deswegen an, »ich war total betrunken. Nüchtern hätte ich das nie gemacht!«

»Ich halte Ihnen noch einen Satz vor, Herr Mühlhaus. Sie sollen nach der Tat gesagt haben: ›Wenn der Neger brennt, dann feiere ich richtig!‹ Können Sie das bestätigen?«

»Was? Wer behauptet denn das? Daran kann ich mich nicht erinnern! Ich gehöre nicht zu denen, die …! Ich war einfach nur besoffen! Verstehen Sie? Total besoffen war ich! Sonst wäre das alles nicht passiert!«

Vernehmung Matthias Schmitt (Matze)

Matze konnte doch noch am Nachmittag des gleichen Tages verhört werden. Seinen Rausch hatte er ausgeschlafen, der Beamte hielt ihn für vernehmungsfähig.

Matze bestätigte im Wesentlichen die Angaben von Beate Burg. Entschieden stritt er ab, die Idee, den Molotowcocktail zu bauen, sei von ihm. Er wisse zwar, was ein Molotowcocktail sei, habe aber keine Ahnung, wie man so etwas herstellt. Ebenso habe er nur Roberts Anweisung Folge geleistet, Beate den kürzesten Weg zu dem Asylbewerberheim zu zeigen.

Unumwunden gestand er, mit rechten Parteien zu sympathisieren. Im Internet habe er sich darüber informiert. Zu dem »Stützpunkt Hermannsland«, das zu der Partei »Der III. Weg« gehöre, habe er Kontakte. Es werde von dort angestrebt, berichtete Matze, nicht nur in P., sondern in der ganzen Region Mitglieder zu rekrutieren, damit auch hier etwas gegen die Flüchtlinge unternommen werde. Das sei das erklärte Ziel des Aktionsbündnisses.

Ebenso wie Robert Mühlhaus und Beate Burg wurde Matthias Schmitt nach seiner Vernehmung festgenommen. Die Beweislast war nach Einschätzung des Beamten eindeutig. Alle drei würden am kommenden Tag dem Haftrichter vorgeführt werden.

Kundgebung

Am frühen Abend versammelten sich rund zweitausend Bürger nicht nur aus P., sondern aus der ganzen Region in der Ortsmitte von P., um gegen Rechtsextremismus zu demonstrieren. Sie waren entsetzt und fragten sich, ob es hier, in ihrer Gegend, eine rechtsextreme Szene gebe. Und wenn ja, wer gehörte dazu? Wer machte so etwas? Bislang sei nie etwas aufgefallen, Aktivitäten habe man keine registriert.

Niemand konnte sich vorstellen, dass Bürger aus P. oder der Region einen solchen Anschlag verübt haben könnten.

Redner aller Parteien betonten, P. sei ein weltoffener Ort mit weltoffenen Bürgern, die bereit seien, Menschen, die aus Kriegs- und Krisengebieten flüchten mussten, hier gerne aufzunehmen. Dies sei auch vielfach in der Vergangenheit unter Beweis gestellt worden. Erkenntnisse des Verfassungsschutzes über rechtsextreme Aktivitäten lägen nicht vor.

Und es gibt sie doch ...

Wenn der Verfassungsschutz recht hätte, dann hätte es diesen Mann mit Glatze, der sich in der Nähe des Supermarktes postiert hatte, nicht geben dürfen. Auf der Haut seines entblößten Oberkörpers prangte ein Tattoo: »88«. Auf seinem T-Shirt, das er locker über den Rücken gehängt hatte, war der Name des rechtsextremen Netzwerks »Blood and Honour« aufgedruckt.

Als er von Demonstranten bemerkt wurde, riefen sie laut: »Hau ab! Hau ab!«

Doch der Mann mit dem Tattoo lächelte nur. Warum sollte er abhauen? Er konnte doch hier stehen? War das verboten? Er war doch einfach nur anwesend, sonst nichts! Konnte ihm das jemand verbieten? Er hatte doch ein Recht, hier zu sein!

Unter den Demonstranten wusste zu diesem Zeitpunkt niemand,

dass dieser Mann auch seine Solidarität bekunden wollte. Solidarität mit den beiden Tatverdächtigen Matthias Schmitt und Robert Mühlhaus. Beate Burg kannte er nicht, aber für sie stand er auch hier.

Warum war er da? Was wollte er? Warum fühlte er sich scheinbar so sicher? Fragen, die Beobachter sich stellten, die fassungslos den Kopf schüttelten.

Als die Polizei ihn schließlich aufforderte, diesen Ort zu verlassen, wurde er ruppig. Im Vorbeigehen schlug er auf einen der zahlreichen Fotoreporter ein. Daraufhin wurde er festgenommen. In Handschellen wurde er abgeführt. Genugtuung auf Seiten der Demonstranten.

»Es gibt in der Region einen Kreis von rund fünfzehn rechten Aktivisten«, vertraute eine Frau, die anonym bleiben wollte, einem Reporter an. »Wahrscheinlich gehören sie zu keiner Partei, aber sie sind aktiv.« Oft sehe man Aufkleber mit rassistischen Parolen, Hakenkreuze, die an öffentliche Stellen gesprüht wurden. Und niemand würde sich wirklich zuständig fühlen, sie zu entfernen. Selbst die Außenwände eines Kindergartens, der von Kindern von Asylbewerbern besucht würde, seien ein Angriffsziel für solche Sprühaktionen gewesen. Nie habe man das richtig ernst genommen. Anzeigen bei der Polizei seien im Sande verlaufen. Es sei zwar ärgerlich, habe man von Seiten der Verantwortlichen argumentiert, aber das seien vermutlich nur dumme Streiche von Jugendlichen, die nicht wissen, was sie tun.

Einen Tag nach dem Anschlag auf die Asylbewerberunterkunft wurden in P. erneut Flugblätter der Partei »Der III. Weg« verteilt, in denen der Anschlag begrüßt und vor einer Überfremdung des deutschen Landes gewarnt wurde. Auch dafür lohne es sich, auf die Straße zu gehen. Meinungsfreiheit und Demonstrationsrecht müssten auch mal für die richtige Sache in Anspruch genommen werden.

Eine öffentliche Reaktion darauf blieb aus.

Untersuchungshaft

Der Staatsanwalt hatte auf der Grundlage der bisherigen Ermittlungen und der Aussagen der drei Verdächtigen Haftbefehle erlassen. Beate Burg, Matthias Schmitt und Robert Mühlhaus hatten die Möglichkeit, mit ihren Anwälten zu reden.

Robert Mühlhaus und Anwalt

Der Anwalt betrat das Besprechungszimmer, in dem Robert Mühlhaus ihn schon erwartete. Noch bevor er seine erste Frage stellen konnte, fing Robert an zu reden.

»Ja, ich habe die Tat begangen, das habe ich auch schon bei der Polizei ausgesagt. Passiert ist das aber nur deswegen, weil ich zu viel getrunken hatte. Nüchtern wäre ich nie auf diese Idee gekommen. Das müssen Sie mir glauben. Mir tut das alles furchtbar leid. Ich schäme mich dafür, was ich getan habe. Ich wollte, ich könnte das wieder rückgängig machen. Ich habe auch nichts gegen Ausländer! Wie könnte ich auch? Ein guter Freund von mir kommt aus Kasachstan. Nein, Ausländerfeindlichkeit kann mir niemand vorhalten!«

»Gut«, sagte der Anwalt und nickte Robert zu. »Wir müssen uns jetzt überlegen, wie wir Ihr Verhalten begründen. Sie sagen, Sie wären betrunken gewesen. Wie viel hatten Sie denn getrunken?« Er hatte noch keine Vorstellung davon, was sein Mandant unter Betrunkensein verstand.

»Das kann ich nicht mehr so genau sagen«, erwiderte Robert, »aber Matze und ich hatten einen Kasten Bier leer gemacht und fast zwei

Flaschen Schnaps.« Robert schilderte das so, als sei das nichts Ungewöhnliches.

»Das ist ja eine ganze Menge«, stellte der Anwalt erstaunt fest. »Trinken Sie immer so viel?«

»Nein, nicht immer. An Wochenenden ja, wenn noch ein paar Kumpel mit dabei sind. Aber in der Woche nicht so viel. Doch an dem Abend habe ich besonders viel getrunken. Das kann ich bestimmt sagen.«

»Gab es einen Grund, warum Sie an diesem Abend so viel getrunken haben? Hatten Sie etwas zu feiern? Hatten Sie sich über etwas geärgert?« Dem Anwalt kam es immer noch merkwürdig vor, wie jemand an einem normalen Wochentag so viel trinken konnte. Er musste doch am nächsten Tag wieder zur Arbeit!

Robert fand keine passende Erklärung. Nein, es habe keinen Grund zum Feiern gegeben und geärgert habe er sich auch nicht. Alles habe sich einfach so ergeben.

Der Anwalt schaute Robert lange an. Dann stand er von seinem Stuhl auf, ging einige Schritte hin und her, rieb sich mit Daumen und Zeigefinger die Nase, griff nach dem Stuhl und stellte ihn unmittelbar vor seinen Mandanten.

»Herr Mühlhaus«, begann er, machte eine kurze Pause und setzte seinen Satz fort. »Die Tat, die Sie begangen haben, ist kein Bagatelldelikt. Das muss ich Ihnen offen sagen. Ich bin ja geneigt, Ihnen zu glauben, dass Sie zu dieser Tat nur im Vollrausch fähig waren. Darauf müssen wir unsere Strategie für die Verteidigung aufbauen. Wenn es noch irgendetwas gibt, was Sie bislang nicht gesagt haben, dann haben Sie jetzt die Gelegenheit dazu.«

»Ich war besoffen«, begann Robert, »total besoffen. Dann mache ich manchmal Dinge, die mir hinterher leidtun. Ich bin dann sehr streitsüchtig und manchmal habe ich auch schon zugeschlagen. Später hab ich mich für mein Verhalten entschuldigt und dann war es meist auch wieder in Ordnung.«

»Haben Sie sonst noch etwas zu der Tat zu sagen, etwas, was ich bislang noch nicht weiß?«

Robert schüttelte den Kopf. »Nein, ich war eben besoffen und es ist alles nur deswegen passiert.«

»Der Richter wird sicher Untersuchungshaft anordnen«, sagte der Anwalt nachdenklich, »dagegen können wir im Augenblick nichts tun. Aber da ist noch etwas: Die öffentliche Stimmung ist im Augenblick nicht gut für Sie. Machen Sie sich mal Gedanken darüber, was wir zur Beruhigung tun können.«

Mit diesen Worten verabschiedete sich der Anwalt von Robert Mühlhaus. Er müsse sich jetzt die Aussagen der beiden Mitangeklagten ansehen und sich auch weiter darüber informieren, was im Zusammenhang mit der Tat zu Protokoll gegeben wurde.

Matthias Schmitt und Anwalt

»Was ist an dem Abend passiert, Herr Schmitt? Können Sie mir das erzählen?« Die forsche Art des Anwalts schüchterte Matthias noch mehr ein, als er es ohnehin schon war. Nach vorne gebeugt, den Kopf nach unten, begann er, leise zu erzählen.

»Wir haben gesoffen, bis wir randvoll waren. Und Musik haben wir gehört. ›Landser‹, ›Kategorie C‹ und lauter so Sachen. Robert hat die alle aus dem Internet runtergeladen.«

»Was ist das denn für Musik?«, wollte der Anwalt wissen.

»Na ja«, begann Matze, »das sind solche Rockbands, Rechtsrock. Und die Musik – die Texte sind auf jeden Fall ausländerfeindlich. Die Musik hören wir immer, wenn wir uns bei Robert treffen.«

»Haben Sie nur Musik gehört oder haben Sie auch miteinander geredet?«, bohrte der Anwalt weiter.

»Wir haben uns auch unterhalten, über Ausländer, dass die sich alle wieder auf den Heimweg machen sollen. Richtig sauer waren wir über die, und ich glaube, wir haben auch laut geschimpft und uns aufgeregt. Besonders wenn es darum ging, dass endlich etwas getan werden müsste. Ja, und dann hat Robert angefangen, den Molotowcocktail zu bauen.«

»Haben Sie gewusst, wie man einen solchen Molotowcocktail baut?«, wollte der Anwalt wissen.

»Keine Ahnung«, sagte Matze, »aber ich habe ihm geholfen, das Ding zu bauen. Er hat mir gesagt, was ich tun soll, und dann hab ich das gemacht. Und als das Ding fertig war, da stand natürlich fest, dass er nicht nur zum Angucken da war. Er sollte zum Einsatz kommen.«

»Wie kommen Sie darauf?«

»Na ja«, begann Matze zögernd, »Robert hat zu Beate gesagt, dass sie uns jetzt nach P. bringen soll. Und dem Robert kann man schlecht widersprechen, besonders wenn er getrunken hat.«

»Und was passiert, wenn man sich weigert?« Der Anwalt hatte die Vermutung, dass Robert Mühlhaus der Wortführer war, nach dessen Pfeife alle tanzen mussten. Diese Vermutung wurde ihm durch die Aussage von Matze bestätigt.

»Robert fackelt nicht lange. Wenn der etwas sagt, und man macht das nicht sofort, dann schlägt er zu. Hab's oft genug erlebt. Hinterher bereut er es, aber zunächst hat man sich eine gefangen.«

»Was ist auf der Fahrt geschehen, können Sie darüber etwas sagen?«

»Da gibt's nicht viel zu sagen. Robert wollte, dass ich vorne sitze, damit ich Beate ein paar Schleichwege zeigen kann. Robert saß auf dem Rücksitz, und kurz bevor wir am Ziel waren, hat er sich die Hände gerieben und gesagt, er wolle den Neger brennen sehen.«

»Hat er das wörtlich so gesagt?«, wollte der Anwalt wissen.

»Ich hatte zwar einiges intus«, sagte Matze, »aber das weiß ich noch genau. Und bevor er ausgestiegen ist, wollte er von mir noch wissen, hinter welchem Fenster die Neger wohnen.«

»Gab es für Sie keine Möglichkeit, ihn davon abzuhalten? Ich meine, Sie konnten ja voraussehen, was Herr Mühlhaus vorhatte!« Der Anwalt schüttelte den Kopf.

»Sie kennen Robert nicht«, sagte Matze entschieden. »Wenn der was will, dann darf sich ihm niemand in die Quere stellen. Besonders dann nicht, wenn er getrunken hat. Und er hatte getrunken. Eine ganze Menge.«

»Ist Herr Mühlhaus derjenige, der das Sagen hat? Habe ich Sie da richtig verstanden? Haben Sie ihm schon einmal widersprochen?« Der Anwalt wollte sich nun seine Vermutung von Matze bestätigen lassen.

»Widersprochen? Dem Robert? Nein, ich weiß nicht. Ich will mich mit Robert ja nicht anlegen. Wir treffen uns immer bei ihm, was soll ich denn sonst machen? Ich hab sonst nicht so viele Kontakte. Aber an dem Abend… Ich glaubte nicht, dass er den Molli wirklich da reinschmeißen würde. Obwohl…«

»Obwohl was?«, hakte der Anwalt nach.

»So wie der an dem Abend drauf war«, sagte Matze nachdenklich, »da musste einfach etwas passieren!«

»Wie war er denn drauf?«

Matze überlegte einen Augenblick. »Der war so richtig aggressiv, das konnte man ihm ansehen. Seine Lippen waren ganz schmal, und wenn das so ist, dann weiß ich immer, jetzt darf man ihn nicht reizen. Über das ganze Ausländerpack hat er geflucht. Manchmal habe ich gedacht, die Nachbarn müssten das hören, so laut hat er gebrüllt. Der hat sich so richtig da reingesteigert, der war nicht mehr zu bremsen.«

»Haben Sie da mitgemacht? Sie wollten ihm doch sicher zeigen, dass Sie auf seiner Seite stehen, oder?«

»Mitgemacht?« Matze lachte. »Ich hab nicht nur mitgemacht, ich hatte ja mit dem Thema angefangen. Den ganzen Tag über hatte ich mir aus dem Internet solche Berichte über die Flüchtlingsschwemme reingezogen.«

»Was waren das für Berichte?«, wollte der Anwalt wissen.

Matze brüstete sich mit seinen Kenntnissen. »Die NPD hat da eine Menge Kommentare zu veröffentlicht und die Partei ›Der III. Weg‹ noch mehr. Die sagen klar heraus, was Sache ist.«

»Sind Sie Mitglied in einer dieser Parteien?«

»Nein, ich bin in keiner Partei. Ich habe auch noch nie gewählt. Aber was ›Der III. Weg‹ so über die Asylantenschwemme schreibt, das finde ich in Ordnung.«

Mit seiner nächsten Frage verfolgte der Anwalt ein weiteres Ziel, das er mit dem Gespräch erreichen wollte. »Herr Schmitt«, begann er, »wären Sie auf die Idee gekommen, diesen Molotowcocktail zu bauen und den Anschlag zu verüben?«

Wieder musste Matze lachen. »Ich hätte gar nicht gewusst, wie man so einen Molotowcocktail baut. Damit habe ich mich nie beschäftigt. Nein, das war die Idee von Robert und ich hab einfach nur mitgemacht. Blöd, aber so war es. Und dann noch so ein Ding in ein Haus werfen, in dem Leute wohnen, nee, nee, nee.«

»Ich habe noch eine weitere Frage an Sie, Herr Schmitt. Trinken Sie regelmäßig Alkohol?«

»Ja, eigentlich jeden Tag«, antwortete Matze.

»Sind Sie deswegen mal ärztlich untersucht worden?«, fragte der Anwalt weiter.

Matzes Blick verfinsterte sich. »Die spinnen doch, diese Ärzte, die meinen, ich wäre Alkoholiker! So viel saufe ich doch gar nicht!«

»Herr Schmitt«, versuchte der Anwalt seinen Mandanten zu beruhigen, »im Augenblick könnte es für Sie gut sein, wenn Sie Alkoholiker wären. Ich werde mal die Arztberichte anfordern.«

»Und wofür soll das gut sein?«, empörte sich Matze.

»Wenn das wirklich so ist, dass Sie alkoholabhängig sind«, führte der Anwalt aus, »dann werde ich meine Verteidigungsstrategie darauf aufbauen. Für Sie hätte das den Vorteil, dass Sie bei einer möglichen

Verurteilung zumindest einen Teil Ihrer Strafe in einer Entzugsklinik verbringen könnten.«

»Und was passiert jetzt?« Matze war sichtlich erschöpft. Für ihn war das zu viel. Und dazu noch ohne einen Tropfen Alkohol.

»Der Haftrichter wird Untersuchungshaft verhängen«, antwortete der Anwalt. Wenn es mir gelingt nachzuweisen, dass Sie ein Alkoholproblem haben, können Sie vielleicht schon bald zum Entzug in eine Klinik eingewiesen werden.«

Beate Burg und Anwalt

Beate Burg saß am Tisch, den Kopf in beide Hände gestützt, und starrte vor sich hin. Den Anwalt bemerkte sie offenbar erst, als er ihr seine erste Frage stellte. »Frau Burg, erklären Sie mir, wie Sie an der Tat beteiligt waren!«

»Ich will mit dem ganzen Ausländerkram nichts mehr zu tun haben«, fauchte sie den Anwalt an, »ich will einfach nur meine Ruhe! Was soll ich jetzt noch zu alldem sagen? Kann ich es rückgängig machen? Nee, kann ich nicht! Und mit der Tat hab ich auch nichts am Hut! Der Robert, der hat das gemacht und der Matze hat ihn dabei unterstützt. Ich habe nur das Auto gefahren!«

»Frau Burg, so geht das nicht! Wenn ich Sie vertreten soll, dann müssen wir zusammenarbeiten. Sie können sich nicht rausreden. Sie haben zwei Kinder. Wenn das hier schlecht läuft für Sie, dann werden Sie Ihre beiden für lange Zeit nicht sehen. Deswegen ist es wichtig, dass Sie meine Fragen beantworten. Allein durch die Tatsache, dass Sie das Auto zum Tatort gefahren haben, haben Sie den Anschlag erst möglich gemacht. Das müssen Sie wissen!«

»Aber ich hätte doch nie gedacht, dass Robert das tatsächlich macht!« Sie schüttelte den Kopf, als könne sie das immer noch nicht fassen.

»Das müssen wir dem Richter erst mal plausibel machen«, mahnte der Anwalt. »Aber so weit ist es noch nicht. Wir müssen zunächst einen anderen Weg finden. Sie haben zwei Kinder, Sie haben einen festen Wohnsitz. Ich werde für Sie eine Haftverschonung beantragen, damit Sie zumindest bis zur Gerichtsverhandlung bei Ihren Kindern sein können. Wenn der Haftrichter sich darauf einlässt, dann können Sie bald nach Hause, müssen sich aber sicher regelmäßig bei der Polizei melden.«

»Aber ich fühle mich doch gar nicht schuldig!«, fuhr sie den Anwalt an. »Ich möchte zu meinen Kindern!«

»Ihre Mitschuld ist dadurch gegeben, dass Sie das Auto zum Tatort gefahren haben«, erklärte ihr der Anwalt. »Ich kann ja verstehen, dass Sie zu Ihren Kindern möchten. Deswegen werde ich Haftverschonung beantragen.«

Nachdem die drei Tatverdächtigen mit ihren Anwälten gesprochen hatten, ordnete der Haftrichter nach einer kurzen Befragung für die drei Beschuldigten Untersuchungshaft an. Der Antrag auf Haftverschonung für Beate Burg wurde abgelehnt. Als Haftgrund führte der Richter für die drei Beschuldigten Fluchtgefahr, Verdunkelungsgefahr sowie Wiederholungsgefahr an.

Robert Mühlhaus, Matthias Schmitt und Beate Burg wurde die Möglichkeit eingeräumt, auf eigene Kosten ihre Familien oder Angehörige telefonisch zu verständigen.

Matthias Schmitt lehnte das Angebot ab. Er habe keine Lust, sich die Vorwürfe »von meinem Alten« anzuhören.

Beate Burg telefonierte zuerst mit ihrer Mutter. »Hallo Mama, ich bin verhaftet worden! Ich muss ins Gefängnis!«

»Waas?«, fragte die Mutter empört, »und was wird nun aus den Kindern?«

»Mama, pass gut auf sie auf, bitte«, flehte Beate. »Ich hoffe, dass ich bald wieder rauskomme.«

»Mensch, Beate, habe ich dir nicht immer gesagt, dass der Robert kein guter Umgang für dich ist?«

»Ja, das hast du«, entgegnete Beate, »und es tut mir auch leid, dass ich nicht auf dich gehört habe. Aber die können mich doch hier nicht ewig einsperren, nur weil ich das Auto gefahren habe! Ich muss jetzt Schluss machen, Mama, küss die Kinder von mir!«

Anschließend griff Robert Mühlhaus zum Telefonhörer.

»Hallo Mama, ich bin's«, sagte er, als am anderen Ende seine Mutter ranging. »Ich wollte mich noch mal melden.«

»Robert, Mensch, ich hab es schon gehört! Im ganzen Ort wird darüber geredet. Was hast du dir und uns damit angetan?« Vorwurfsvoll klang die Stimme der Mutter.

»Ich kann jetzt nicht viel reden«, sagte Robert kurz angebunden, das ganze tut mir furchtbar leid. Ich wollte, ich könnte es rückgängig machen!«

»Kann ich etwas für dich tun, Robert?«, fragte die Mutter etwas hilflos.

»Nein, entgegnete Robert, »es tut mir leid, dass ihr das jetzt alles ertragen müsst. Grüß alle von mir, und denk daran, ich hab euch alle lieb!«

Entschuldigung

Bei seinem nächsten Treffen mit seinem Anwalt übergab Robert ihm den Entwurf eines Briefes.

»Sie sagten, ich solle mir Gedanken darüber machen, wie man die Öffentlichkeit vielleicht etwas besänftigen kann. In der Zelle hab ich ja viel Zeit zum Nachdenken. Mir kam dabei in den Sinn, dass ich vielleicht einen Brief an die Lokalzeitung schreiben könnte. Hier ist der Entwurf. Wenn Sie meinen, dass das hilft, dann würde ich ihn so oder so ähnlich abschicken.«

Der Anwalt las den Brief, nickte. »Wenn das wirklich Ihre innere Einstellung ist und Sie die Tat in dem Licht sehen, dann tun Sie das. Es dürfen bei der Verhandlung aber keine neuen Erkenntnisse zutage treten, die Ihrer Darstellung in dem Brief widersprechen. Sonst wäre das kontraproduktiv.«

»Ich sagte ja, dass ich die Tat nur begehen konnte, weil ich zu viel getrunken hatte. Warum musste mir das passieren?«

Zurück in der Zelle, setzte Robert sich an den Tisch, las den Brief noch einmal durch, fand dabei, dass er ihn an der einen oder anderen Stelle ergänzen könnte und schrieb ihn in einer gut leserlichen Schrift neu:

Sehr geehrte Damen und Herren,
es ist sicher ungewöhnlich, dass ein Mensch, der eine schlimme
Tat begangen hat, sich ausgerechnet an die Zeitung wendet. Aber
ich tue das, weil ich eingesehen habe, dass ich vielen Menschen
Leid zugefügt habe. Dass es überhaupt so weit kommen konnte,

führe ich auf meinen übermäßigen Alkoholkonsum an jenem
Abend zurück. Der hat mir ganz offensichtlich jegliches Gespür
für die Realität genommen. Wenn ich heute darüber nachdenke,
was ich getan habe, so kann ich es immer noch nicht fassen. War
ich das? War ich das wirklich? Wie in einem schlechten Film
komme ich mir vor.

Ich möchte mit diesem Brief einiges klarstellen. Ich bin nicht
rechtsradikal oder fremdenfeindlich. Ich trage weder Springer-
stiefel noch Bomberjacken noch habe ich meinen Kopf kahl
geschoren. Menschen, die mich kennen, können das sicher bestätigen. Unter diesen Menschen gibt es auch einige mit Migrationshintergrund, die ich mit zu meinen besten Freunden zähle.

Ich habe Unrecht begangen. Dafür möchte ich mich auf diesem
Weg entschuldigen. Zunächst einmal bei den Betroffenen selbst,
den Flüchtlingen. Heute weiß ich, was durch meine Tat hätte
passieren können. Gewollt habe ich das nicht. Ich wollte weder
jemanden verletzen und schon gar nicht umbringen. Ohne Alkohol wäre das nie passiert.

Entschuldigen möchte ich mich auch bei meiner Familie und bei
meinen Freunden. Ich könnte verstehen, wenn sie sich von mir
abwenden würden. Das wäre sehr bitter für mich. Deswegen hoffe
ich, dass sie mich nicht vergessen, dass sie mir die Treue halten.
Gerade hier in der Einsamkeit der Zelle bin ich darauf mehr ange-
wiesen denn je. Ich wünsche mir auch, dass sie sich nicht scheuen,
mich hier im Gefängnis zu besuchen, sollte ich zu einer Haftstrafe
verurteilt werden. Das gilt besonders auch für meine Freundin.
Halte durch, möchte ich ihr sagen, warte auf mich, du bist der
Mensch, der mir für die Zukunft Halt gibt.

Allen Menschen da draußen, die sich mit dem Gedanken tragen,
eine vergleichbare Tat zu begehen, rate ich dringend davon ab.
Schlagt euch das aus dem Kopf. Es führt zu nichts. Ihr werdet auf

der Seite der Verlierer stehen. Verlieren werdet ihr alles, was euch vielleicht wichtig war: Die Gemeinschaft mit euren Familien, die mit den Freunden, euren Beruf und auch ein Stück eurer Zukunft.

Wie wird es sein, wenn ich wieder aus dem Gefängnis komme? Werde ich noch einmal in meinem Beruf arbeiten können? Was ist mit dem, was ich so geschätzt habe: der Heimat? Werde ich hier weiter leben können?

Robert machte eine Pause, las sich den Brief noch mal durch. Dieser Entwurf hatte andere Schwerpunkte als der, den er dem Anwalt gezeigt hatte. Aber das, was er jetzt geschrieben hatte, kam einfach so aus ihm heraus. Dadurch konnte es doch nicht falsch sein, oder? Gut, er sollte noch an die Opfer denken. Was sollte er ihnen sagen? Würde er Worte finden, mit denen er sich bei ihnen entschuldigen konnte?

Zum Schluss schrieb er:

Es tut mir leid, was ich ihnen (den Geflüchteten, Anm. der Redaktion) angetan habe. Es gibt keine Rechtfertigung dafür. Warum diese Menschen hier leben, weiß ich nicht. Aber es ist sicher ihr gutes Recht, hier zu leben, wenn sie in ihrer Heimat in Not waren.

Mit freundlichen Grüßen
Robert Mühlhaus

PS:
Wenn Sie den Brief veröffentlichen, wäre ich Ihnen dankbar, wenn Sie mir dann die Ausgabe dieser Zeitung zuschicken würden.

Eine Woche später konnte man den Brief in der Lokalzeitung in P. und Umgebung lesen. Er wurde im Wortlaut abgedruckt.

Hinweise – Robert Mühlhaus

Der Anwalt war sauer. Stinksauer! Mit hastigen Schritten lief er im Besprechungsraum der Justizvollzugsanstalt hin und her und gestikulierte mit beiden Armen wild herum.

Robert Mühlhaus saß auf einem der beiden Stühle, den Kopf zwischen den Schultern, den Blick nach unten gerichtet.

»So geht das nicht!«, donnerte der Anwalt. »Wenn ich Sie verteidigen soll, dann muss ich alles wissen! Alles! Verstehen Sie? Und ich möchte es von Ihnen erfahren und nicht von meinen Kollegen oder der Polizei oder aus Vernehmungsprotokollen!«

Robert Mühlhaus nickte. Was sollte er dazu sagen? Noch wusste er ja nicht, was er angeblich verschwiegen hatte. Das, was ihm wichtig war zu sagen, das hatte er gesagt.

»Wenn ich Sie weiter verteidigen soll, müssen wir jetzt über all das hier reden!« Der Anwalt öffnete seine Tasche, zog einen Stapel Papiere heraus und breitete sie vor Robert Mühlhaus auf dem Tisch aus.

»Was ist das?«, fragte Robert unsicher.

»Das sind die Informationen, die Sie mir bislang verschwiegen haben!«, polterte der Anwalt. »Hier, Protokolle Ihrer WhatsApp-Mitteilungen an Ihre Freunde aus dem ›Club 18‹. Ich gehe mal davon aus, dass dies der Ort ist, an dem Sie sich treffen und auch den Abend vor der Tat zugebracht haben. ›Club 18‹, da läuten doch sämtliche Glocken! Und dann hier, Ausdrucke Ihrer Facebook-Seiten aus den letzten Monaten. Sie, abgebildet mit einem T-Shirt mit der Aufschrift ›Terroristen mit E-Gitarre‹, wie sich die rechtsgerichtete Rockerband ›Landser‹ bezeichnet. Dann scheinen Sie ein großer Fan von Hannes Ostendorf zu sein. Ist das der Sänger von ›Kategorie C‹?«

Robert nickte.

»An einer Stelle schreiben Sie: ›Schlagt sie tot!‹, und Ihr Freund antwortet: ›Wen denn jetzt schon wieder?‹, woraufhin Sie, in Anspielung auf die nationalsozialistischen Vernichtungslager in Auschwitz antworten: ›Für manche Menschen hätte eine Dusche aufbleiben sollen!!‹ Können Sie mir diese Sätze erklären?«

Robert schüttelte den Kopf. Wann hatte er das geschrieben? Sicher schon lange her. Eine genaue Erinnerung daran hatte er nicht mehr. Aber die Worte – ja, die stammten von ihm. Was sollte er dazu sagen? Wie sollte er das erklären. Er schwieg.

»Bislang bin ich davon ausgegangen, dass Ihr Treffpunkt so etwas wie ein Saufklub ist. Verzeihen Sie diesen Begriff, aber das war meine erste Vorstellung davon. Das hier spricht aber eine andere Sprache! Eine ganz andere!« Die letzten Worte betonte er besonders.

»Das ... das ...«, stotterte Robert, »das ist doch nur Blödsinn, Zeitvertreib, Langeweile, Spielereien sind das doch nur. Das ist nicht ernst gemeint.« Er überflog die Seiten, auf denen die WhatsApp-Mitteilungen zusammengefasst waren.

»So, nicht ernst gemeint, nur Spinnereien«, spottete der Anwalt. »In der Verhandlung werden Sie uns genau die Sachen vorhalten. Da können wir nicht argumentieren, das sei alles nicht so gemeint. Doch bevor wir gleich Punkt für Punkt durchgehen, möchte ich etwas Grundsätzliches von Ihnen wissen: Gehören Sie irgendeiner rechten Partei oder Gruppierung an?«

»Nein!«, sagte Robert entschieden. »Ich bin nirgendwo Mitglied außer im Fußballverein.«

»Die Polizei hat Ihren ›Club 18‹ durchsucht. Die Nummer haben Sie ja auch noch sinnigerweise neben die Eingangstür genagelt. Ein Stapel Flugblätter wurde dort gefunden. Flugblätter von der Partei

›Der III. Weg‹! Sind Sie oder jemand aus Ihrem Freundeskreis Mitglied in dieser Partei? Und wie kommen die Flugblätter an diesen Ort? Ich brauche eine genaue Antwort auf diese Frage!«

Verdammt! Die restlichen Flugblätter hatte er tatsächlich dort deponiert. Er konnte ja nicht wissen … Wieso schnüffeln die überall rum? Was sollte er jetzt sagen? Dass sie wahrscheinlich jemand hat liegen lassen? Wer könnte dieser Jemand gewesen sein? Konnte er in seiner Situation eine Ausrede riskieren, oder war es nun an der Zeit, die Wahrheit zu sagen? Er zögerte noch etwas, dann entschied er sich: »Ich hab die Dinger mal verteilt. Unten in P. Ein Kumpel hatte mich mal gefragt, ob ich das tun würde.«

»Wissen Sie denn, was da drinsteht? Haben Sie diese Flugblätter mal gelesen, bevor Sie die unters Volk gebracht haben?« Der Anwalt schüttelte den Kopf. Mit der Antwort, die nun kam, hätte er nie gerechnet.

»Aber das stimmt doch, was da drinsteht!« Robert sprach lauter, als er es beabsichtigt hatte. »Hunderttausende kommen hierher, aber nur die wenigsten haben einen echten Grund dafür. Die könnten ja auch bleiben, irgendwo, wo sie niemanden stören. Aber all die anderen, diese ganzen Wirtschaftsflüchtlinge, die sollte man erst gar nicht reinlassen. Und wenn sie doch über die Grenze kommen, müssen sie sofort wieder abgeschoben werden. Die haben hier nichts zu suchen! Aber da hat ja niemand den Mumm zu!«

»So Herr Mühlhaus, jetzt sind wir einen Schritt weiter«, sagte der Anwalt ruhig. »Jetzt kann ich mir vorstellen, was in Ihnen vorgeht.«

»Darf man denn nicht mal eine eigene Meinung haben?« Robert war sichtlich empört.

»Doch, jeder hat das Recht auf eine eigene Meinung und jeder muss sie auch äußern können. Aber in jener Nacht im August sind Sie einen Schritt zu weit gegangen. Eine eigene Meinung soll und darf jeder haben, man darf sie aber nicht mit Gewalt durchsetzen!«

»Was in der Nacht passiert ist, das war doch etwas ganz anderes. Das ist einfach im Suff geschehen. Bei klarem Verstand hätte ich das nie getan! Aber das hab ich ja alles schon hundertmal gesagt.«

»Herr Mühlhaus, es ist schwer, das so exakt voneinander zu trennen. Sie haben ja nicht dem Nachbarn die Scheune abgefackelt, sondern sind einige Kilometer bis in den Nachbarort gefahren, hin zu dem Haus, in dem die Asylbewerber leben, und haben dort den Molotowcocktail in ein Fenster geworfen.«

»Ja, weil ich betrunken war, weil ich nicht mehr wusste, was ich mache«, gab Robert zur Antwort.

»Wieso ausgerechnet an jenem Abend, wieso nicht schon früher? Was hat Sie an diesem Abend dazu gebracht?«

Robert sackte auf seinem Stuhl zusammen, die Arme baumelten nach unten, den Kopf ließ er hängen. Er musste nachdenken. Hatte er nicht schon alles gesagt? Der Polizei und auch dem Anwalt? In Gedanken ging er noch einmal alles durch. Er fühlte sich in die Enge getrieben. Das konnte er nicht ertragen. Da musste er wieder raus. Nur wie? Sollte er reden? Sollte er von der Musik erzählen, die sie gehört haben? Nein, nicht nur gehört, auch mitgesungen. Von den Rhythmen, die ihn, zusammen mit dem Alkohol, aufpeitschten, die alles in ihm vibrieren ließen, mit denen er sich ganz oben fühlte, wie auf der Krone einer Meereswelle, getragen in eine unbekannte Weite. Dazu die Texte, die Stimme von Hannes Ostendorf. Die kannte er, die mochte er. Wenn Hannes sang, sah er sich selbst auf der Bühne, ins Mikrofon grölend. Seine Lieder kannte er, die konnte er mitsingen. Oder die Songs von »Landser« oder »Sturmkraft«. In dieser Musik war er zu Hause. Die gehörte zu seinem Leben. Die Texte gaben das wider, was er empfand: Wut, Hass, Gewalt. Ohne diese Musik war ein Tag für ihn unvollständig. In dieser Musik ist er schon oft gegen Ausländer vorgegangen.

Lieder wie »Das arische Kind«, »Deutsche Wut« oder »Das Reich

kommt wieder« gingen ihm runter wie Butter. Da sah er sich mitlaufen, mittendrin mit den Kameraden, wenn es hieß:

»*Wir scheißen auf die Bullerei,*
Skinheads marschier'n – die Straße frei,
Kanacken, Zecken und all der Dreck,
Der kommt schon bald für immer weg.«

Nun war es wirklich passiert. Er hatte etwas getan, etwas, was er bis-
lang nur besungen hatte. Hatte er richtig gehandelt? Wollte er das?
Konnte er sich auf die Liedtexte verlassen, dass sie ihm den richtigen
Rat gaben? Er wusste es nicht.

Er musste alles erzählen. Jetzt. Sich selbst und dem Anwalt. Den
ganzen Abend erzählte er, von seinem ersten Bier bis dahin, als er spät
in der Nacht ins Bett ging. Er konnte sich erinnern, an jedes Detail.
Hatte er das von dem brennenden Neger wirklich gesagt? Verdammter
Alkohol! Gedacht hatte er es, ganz bestimmt.

Hinweise – Matthias Schmitt

Matze und sein Anwalt saßen sich im Verhörraum der Justizvollzugsanstalt gegenüber.

»Herr Schmitt«, begann der Anwalt, »ich muss einfach noch mehr
über Sie erfahren. Sie sind Mitglied bei der Freiwilligen Feuerwehr in
Ihrem Heimatort, ist das richtig?«

Matze nickte.

»Seit wann sind Sie dort Mitglied?«

»Vor zwei Jahren bin ich wieder aufgenommen worden.«

»Heißt das, Sie waren früher auch schon mal dabei? Warum sind
Sie denn ausgetreten oder haben das aufgegeben?«

Matze schüttelte den Kopf. »Nicht ausgetreten. Rausgeworfen haben sie mich!«

»Und warum? Haben Sie Ihren Dienst nicht richtig versehen?«

Matze wurde verlegen. Was sollte er sagen? Die Wahrheit? Was
würde der Anwalt von ihm denken, wenn er sie erfuhr?

»Doch«, sagte er schließlich, »bei allen Übungen war ich immer mit
dabei und auch immer dann, wenn wir einen Einsatz hatten!«

»Wenn Sie so zuverlässig waren, warum hat man Sie dann rausgeworfen?« Der Anwalt konnte sich das nicht erklären. Noch nicht.

»Ich war auch bei einem Brand zur Stelle, den ich selbst gelegt hatte.
Das ist rausgekommen und ich musste gehen.«

»Ach du lieber Gott, ein Feuerwehrmann, der selbst Brände legt?«
Fassungslos schaute der Anwalt Matze an. »Und warum hat man Sie
vor zwei Jahren wieder aufgenommen?«

»Na ja, ich bin halt arbeitslos, hab den ganzen Tag nichts zu tun, dann hab ich manchmal freiwillig bei der Feuerwehr mitgeholfen, wenn sie eine Übung gemacht haben. Ich wusste ja genau, was zu tun war. Die Feuerwehr war einfach ein Stück von meinem Leben. Ja, und dann hab ich einfach gefragt, ob ich noch mal mitmachen kann.«

»Und dann wurden Sie aufgenommen und haben auch keinen Brand mehr gelegt?«

»Ja, ähm, ich meine nein, ich hab seitdem nichts mehr abgefackelt.«

»Gut, Herr Schmitt«, sagte der Anwalt, »jetzt muss ich Sie noch mal genauer zu ihrer politischen Einstellung befragen.«

»Ich hab doch schon gesagt, dass ich in keiner Partei bin«, empörte sich Matze.

»Das haben Sie, aber ich habe mich etwas mit Ihrer Vergangenheit beschäftigt. Sie sind vorbestraft, weil Sie einige Male in der Öffentlichkeit den Hitlergruß gezeigt haben.«

»Ja, ja, alte Kamellen. Ist lange her. Hab Sozialstunden dafür bekommen und sie abgerissen. Das ist doch lange erledigt!« Matze tat genervt. Was hatten diese Dinge denn mit der Tat zu tun, weswegen er den Anwalt brauchte? Er verstand das nicht!

»Das Gericht wird sich auch mit Ihrer Vergangenheit befassen und vielleicht zu der Auffassung kommen, dass diese Taten sich auch in Ihrer heutigen Einstellung widerspiegeln.«

»Was soll das denn heißen?« Warum drückte der Anwalt sich so kompliziert aus? Konnte er nicht einfach danach fragen, was er wissen wollte?

»Sie haben, noch in diesem Jahr, genau am 20. April, auf Facebook Adolf Hitler zum Geburtstag gratuliert. Das lässt sich belegen und das Gericht wird das zur Kenntnis nehmen und bewerten und sich dann auch die Frage stellen, ob der Hitlergruß, für den Sie ja Sozialstunden ›abgerissen‹ haben, wirklich etwas ist, das der Vergangenheit angehört.« Der Anwalt machte eine Pause, bevor er fortfuhr: »Außerdem setzen Sie unter viele Ihrer WhatsApp-Mitteilungen ein ›Sieg Heil‹!«

»Na ja, das mach ich eben so, ich hab mir nie viele Gedanken darüber gemacht.«

»Aber Sie wissen, in welcher Zeit diese Wörter gebraucht wurden, oder?«

Matze grinste und nickte. »Hm.«

»Noch etwas wird zur Sprache kommen, Herr Schmitt. In einer Ihrer WhatsApp-Mitteilungen schreiben Sie der Mitangeklagten, Ihr kleiner Sohn habe ein neues Wort gelernt. Darf ich fragen, wie alt Ihr Sohn ist?«

»Drei, er wird demnächst drei Jahre alt«, sagte Matze ganz stolz.

»Halten Sie es für richtig und notwendig, dass Ihr Sohn in dem Alter schon das Wort ›Hitler‹ richtig aussprechen kann?« Der Anwalt schaute Matze in die Augen. Was sollte er darauf antworten? Es war doch einfach nur ein Spiel zwischen Beate und ihm. Beate brachte ihren Kindern doch auch solche Wörter bei, und da wollte er nicht zurückstehen, wenn er seinen Sohn mal übers Wochenende bei sich hatte.

»Herr Schmitt, Sie haben in der polizeilichen Vernehmung ausgesagt, dass Sie sich über die Parteien ›NPD‹ und ›Der III. Weg‹ informiert haben, dort aber kein Mitglied sind. Ist das richtig?«

»Ja«, gab Matze einsilbig zurück.

»Haben Sie sich an irgendwelchen Aktivitäten dieser Parteien beteiligt? Haben Sie in deren Auftrag mal etwas gemacht oder kennen Sie Mitglieder dieser Parteien?«

»Es gibt hier den ›Stützpunkt Hermannsland‹, der gehört irgendwie zu der Partei ›Der III. Weg‹. Mit denen hab ich im letzten Winter eine Wanderung gemacht. War toll! Noch mal so richtig die Natur erleben!«

»Und das war alles?«

Matze schaute nach unten. »Nein«, sagte er schließlich, »wir haben dann noch zusammen überlegt, was wir machen können, um ein Zeichen zu setzen.«

»Wofür oder wogegen wollten Sie ein Zeichen setzen?«

»Na, gegen diese Ausländer! Die kommen einfach hierher und machen sich hier breit!« In diesem aggressiven Ton wollte Matze die Frage gar nicht beantworten, aber seine Gefühle konnte er bei dem Thema nur schwer unter Kontrolle bringen.

»Und welches Zeichen haben Sie gesetzt?«

Matze wurde rot. Rot wie die Farbe, die er zum Sprühen benutzt hatte.

»Was die anderen gemacht haben, weiß ich nicht, ich habe … ich …«, druckste er herum, wusste nicht, wie er es sagen sollte, wie er etwas gestehen sollte, worauf er ganz stolz war. War? Ein bisschen auch noch ist. Trotz allem! »Ich habe ein Hakenkreuz gesprüht«, sagte er schließlich mit fester Stimme.

»Herr Schmitt, Sie wissen, dass mit solchen Geständnissen eine Verurteilung wegen fremdenfeindlicher Motive immer wahrscheinlicher wird. Wohin haben Sie denn dieses Hakenkreuz gesprüht?«

»An die Innenwand der Bushaltestelle in P., die ist direkt neben dem Flüchtlingsheim.«

Der Anwalt nickte und machte sich Notizen.

»Nun habe ich noch ein paar persönliche Fragen an Sie,« wechselte der Anwalt das Thema. »Sie haben einen Sohn. Waren oder sind Sie mit der Mutter des Kindes verheiratet?«

»Um Gottes willen, nein! Nie hätte ich die geheiratet! Wir waren mal eine Zeit lang zusammen und dann ist sie schwanger geworden. Aber wir haben nie zusammen gelebt. Noch während der Schwangerschaft haben wir uns getrennt.«

»Wie oft sehen sie Ihren Sohn?«

»Ein- oder zweimal im Monat, manchmal auch weniger.«

»Sie wohnen noch bei Ihren Eltern, ist das richtig?«

»Ja, leider. Aber ich hab mein eigenes Reich dort, zwei Zimmer, klein, aber mein. Und ein Bad. Trotzdem bekommen sie immer mit, wann ich weggehe oder nach Hause komme. Das nervt!«

»Welches Verhältnis haben Sie zu Ihren Eltern? Ich habe mitbekommen, dass Sie nicht zu Hause angerufen haben, nachdem der Richter Untersuchungshaft angeordnet hatte.«

Matze überlegte. Wie sollte er das beschreiben? Solange er zurückdenken konnte, wurde doch nur gebrüllt und rumkommandiert. Besonders von seinem Vater. Der saß auf der Couch und gab Anweisungen. Und die mussten befolgt werden, sofort! Sonst zog er seinen Gürtel aus und schlug damit zu. Ihn hatte es am häufigsten getroffen. Ihn als den Ältesten machte der Vater immer dafür verantwortlich, wenn seine kleineren Geschwister in der Wohnung herumtobten. Dadurch fühlte der Vater sich gestört, weil er nicht in Ruhe Fernsehen konnte. Wie lange war es her, dass sein Vater ihn zuletzt verprügelt hatte? War es ein Jahr oder doch schon zwei Jahre? Es machte ihm nichts mehr aus, er hatte sich daran gewöhnt.

Das alles erzählte Matze dem Anwalt.

Hinweise – Beate Burg

»Frau Burg«, begann der Anwalt, »haben Sie irgendwelche Kontakte zu rechten Parteien?«

»Was soll das denn? Ich habe zu keiner Partei Kontakt!« Beate war empört. Sie verstand den Hintergrund der Frage nicht.

»Dann sage ich es anders: Ich möchte wissen, ob Sie in Ihrem Freundeskreis Menschen kennen, die in rechten Parteien wie der ›NPD‹ oder ›Der III. Weg‹ Mitglied sind«, präzisierte er seine Eingangsfrage.

»Matze hat mal was über diese Parteien gesagt, aber ich glaube nicht, dass er dort Mitglied ist.«

»Wenn Sie sich mit Ihren Freunden in diesem Klub treffen, was passiert dort? Worüber reden Sie?«

»Meistens hören wir Musik und dort wird viel getrunken. Alkohol! Ich halte mich da raus, ich trinke nie mit, weil ich ja noch mit dem Auto fahren muss. Ja, worüber wird geredet? Meistens über Fußball, einige sind in einem Fanklub und fahren mit zu den Spielen. Ich war nie dabei. Dort soll immer ganz schön was los sein, Alkohol, Schlägereien und so was. Keine Ahnung, was da abgeht. In der letzten Zeit wird auch öfter über diese Flüchtlingswelle geredet. Da reden sie sich die Köpfe heiß. Kann ich auch gut verstehen, wenn man Tag für Tag die Bilder im Fernsehen sieht! Furchtbar, was da auf uns zukommt!«

»Finden Sie?«

»Ich sag da nichts mehr zu. Ich halte mich da in Zukunft völlig raus! Bringt ja doch nichts!«

»Worüber wollen Sie nicht mehr reden?«

»Na, über die Flüchtlinge. Ich will einfach nur meine Ruhe! Basta!«

»Frau Burg, auf Ihrer Facebook-Seite sind Sie mit Leuten befreundet, die ganz offensichtlich zur rechten Szene gehören. Das wird bei der Gerichtsverhandlung sicher zur Sprache kommen.«

»Was hat das denn in der Gerichtsverhandlung zu suchen?« Wieder war Beate sichtlich empört.

»Die Staatsanwaltschaft sieht in der Tat rechtsextremistische Motive und darauf wird sie unter anderem die Anklage aufbauen. Daher werden all diese Dinge, die man in diesem Zusammenhang bei Ihnen gefunden hat, zur Sprache kommen. Ihre Aktivitäten bei Facebook wurden ausgewertet. Danach scheinen Sie ein großer Fan von Rechtsrock zu sein. Ist das richtig?«

»Gibt es denn sonst noch Musik, die man hören kann? Mir gefällt diese Musik einfach.«

»Frau Burg, wir müssen vor Gericht nachweisen, dass Sie diese Tat nicht wegen rechtsgerichteter Gesinnung begangen haben!«

»Aber ich hab doch nur das Auto gefahren!« Wie oft hatte sie diesen Satz nun schon wiederholt. »Das hat doch nichts mit rechtsgerichteter Gesinnung zu tun!«

»Wir müssen uns an die Fakten halten, Frau Burg. Ihre Aktivitäten bei Facebook gehören dazu. Dann gibt es noch etwas. Sie haben zwei Kinder, beide im Kindergartenalter. In einem WhatsApp-Chat mit dem Mitangeklagten Schmitt schreiben Sie, dass Ihr Jüngster, gerade mal zwei Jahre alt, schon die Worte ›Sieg Heil‹ sagen kann. Haben Sie ihm die beigebracht?«

Beate schaute vor sich hin. »Meine Kinder«, dachte sie. Ein paar Tränen liefen ihr dabei über die Wangen.

»Frau Burg, beantworten Sie bitte meine Frage!«

Beate hatte sich schnell wieder gefasst. »Ja, hab ich! Matze und ich hatten so was wie einen Sport daraus gemacht, wer von unseren Kindern zuerst eines dieser Wörter sagen kann.«

»Glauben Sie, dass dies Wörter sind, die ein zweijähriges Kind wissen muss?«

»Ja, nein, ach, ich weiß es nicht! Ich will mit dem ganzen Kram einfach nichts mehr zu tun haben. Ich will nur noch meine Ruhe! Wissen Sie, was hier im Knast das Beste ist?«

Der Anwalt schaute sie mit großen Augen an. Eine solche Frage hatte er noch von keinem seiner Mandanten gehört.

»Das Beste hier im Knast ist, dass ich nachts mal richtig durchschlafen kann!«

»Puh, Frau Burg, ich fürchte, dazu werden Sie noch oft Gelegenheit haben, wenn wir Ihre Tatbeteiligung nicht als untergeordnet oder nicht ausschlaggebend darstellen können. Bei einem Nachweis eines fremdenfeindlichen Motivs wird es eng. Deswegen ist es wichtig, dass wir gut zusammenarbeiten und ich die Argumente der Staatsanwaltschaft entkräften kann.«

Der Anwalt machte eine kurze Pause, bevor er die nächste Frage stellte.

»Frau Burg, wäre es möglich gewesen sich zu weigern, die beiden Mitangeklagten zum Tatort zu fahren?«

»Sie kennen Robert nicht! Wenn der getrunken hat, dann darf man ihm nicht widersprechen.«

»Haben Sie versucht, ihnen das auszureden? Ich denke, Sie wussten, was die beiden vorhatten!«

»Nein, ich hab nichts dagegen gesagt.«

»Hatten Sie Angst? Angst vor Robert Mühlhaus?«

»Angst? Nein, eigentlich nicht. Robert kann man nicht widersprechen. Wenn der was vorhat, dann zieht er das durch. Und wenn er jemanden dazu braucht, dann bittet er nicht lange, dann bestimmt er einfach!«

»Hat er in der Tatnacht auch in diesem bestimmenden Ton zu Ihnen gesagt, dass Sie ihn nach P. fahren sollten?«

»Klar!«

»Frau Burg, wir müssen noch mal über die Kreise reden, in denen Sie verkehren. Sie treffen sich häufig mit Herrn Mühlhaus und Herrn Schmitt in diesem Club 18. Ich denke, Sie wissen, wofür diese Zahl steht. Dort hören Sie Rechtsrock, dort wird geredet, in letzter Zeit wie Sie sagen über die ›Flüchtlingswelle‹, dort treffen sich sicher auch andere Gleichgesinnte, auf Ihrer Facebookseite liken und posten Sie Musik von rechten Gruppen, Ihrem Kind bringen Sie fragwürdige Wörter bei. Fühlen Sie sich mit Ihrem Gedankengut in dieser Szene zu Hause?«

»Zu Hause fühle ich mich nur bei meinen Kindern.« Beate machte eine Pause, dachte nach. »Gut, ich bin oft mit Robert und Matze im Klub, auch andere sind gelegentlich mit dabei. Ich rede da nicht viel mit, wenn die sich über Politik die Köpfe heißquasseln. Ich bin nur dabei. Die akzeptieren mich einfach. Da muss ich nicht viel mitreden, da muss ich mich nicht aufdonnern, um ihnen zu gefallen, die nehmen mich so, wie ich bin. Und das finde ich gut.«

»Wie gut kennen Sie die anderen, die gelegentlich mit dabei sind? Würden Sie die auch als Ihre Freunde bezeichnen?«

»Freunde? Nein, Kumpel würde eher zutreffen.«

»Wissen Sie, was diese ›Kumpel‹ sonst noch so tun? Sind die irgendwo aktiv?«

»Ich weiß nur, dass einige auch in diesem Fußballfanklub sind.«

»Stört es Sie denn nicht, wenn Ihre Freunde und Kumpel abfällig über Flüchtlinge reden?«

»Nein!«

»Hat man schon einmal versucht, Sie zu überreden, sich bei irgendwelchen Aktivitäten zu beteiligen?«

»Nein, so wie ich die kenne, reden die doch alle nur.«

»Bis auf jenen Abend, an dem auf die Reden Taten folgten.«

Beate nickte stumm vor sich hin.

Hinweise II – Robert Mühlhaus

»Herr Mühlhaus, Sie haben mir noch nicht alles über sich erzählt!«
Der Anwalt ließ offen, was er von Robert erfahren wollte. Er sollte es
ihm aus freien Stücken sagen und nicht, weil er es von ihm verlangte.

»Das kann nicht sein«, entgegnete Robert entschieden. »Sie wissen
alles, mehr kann ich beim besten Willen nicht sagen!«

»Denken Sie mal gut nach, ob Ihnen doch noch etwas einfällt. Etwas,
das Sie der rechten Szene zugehörig ausweisen könnte.«

Während Robert nachdachte, trommelte der Anwalt mit seinem
Kugelschreiber auf den Tisch. Als keine Antwort kam, setzte er erneut
an: »Ich hab da etwas in den Berichten gelesen. Als Sie in U-Haft kamen, hat man etwas bei Ihnen festgestellt.«

»Meinen Sie etwa meine Tattoos?«

»Genau die meine ich. Seit wann haben Sie die, und wissen Sie auch,
was die bedeuten?«

»Als ich bei der Bundeswehr war, hab ich mir die machen lassen.
Wir waren eine ganze Gruppe. Jeder hat sich ein Motiv ausgesucht.«

Robert hatte sich ein Wikingerschiff mit einer Odal-Rune auf den
Brustbereich stechen lassen und einen Wikinger mit einem Toten-
kopfring auf den Oberarm.

»Herr Mühlhaus, den zweiten Teil meiner Frage haben Sie noch
nicht beantwortet!«

»So ganz genau kannte ich die Bedeutung damals nicht. Mir hat
niemand gesagt, dass diese Zeichen verboten sind!«

»Aber heute wissen Sie das?«

»Ja.« Robert nickte. »Ich weiß es.«

»Was machen Sie denn, wenn Sie ins Schwimmbad gehen? Tragen Sie dann einen Badeanzug, der alles verdeckt?«

Robert grinste, ein Badeanzug. »Nein, ich verdecke das nicht. Bis jetzt hat auch noch niemand etwas gesagt. Ich denke mal, niemand weiß so richtig was darüber.«

»Trotzdem – sie sind verboten und dürfen öffentlich nicht gezeigt werden.«

»Okay, okay«, sagte Robert kleinlaut, »ich habe verstanden.«

Einen Augenblick lang dachte er nach. Dann fing er an zu reden. »Ich vermute, man will mir für die Tat Fremdenfeindlichkeit vorwerfen. Es gibt sicher viele Dinge, die das vermuten lassen. Wenn ich nüchtern bin, dann denke ich ganz anders als in betrunkenem Zustand. Hätte ich an diesem Abend nichts oder nur wenig getrunken, wäre das alles nicht passiert. Das müssen Sie mir glauben!«

»Ich bin geneigt, Ihnen zu glauben, dass Sie bei klarem Verstand diese Tat nicht verübt hätten. Doch in Ihnen schlummert etwas, das spätestens beim Alkoholkonsum mehr oder weniger stark ausbricht. Ihre Wut.«

Robert nickte. Ja, das empfand er auch so.

»Wie viel hatten Sie schon getrunken, als Sie mit Ihrem Freund Sebastian über WhatsApp Folgendes austauschten:

›Sebastian: Vor dem Asylbewerberheim hängen so Paselnacken rum!

Robert: Schmeiß mit Pflastersteinen!

Sebastian: Hab nur Blei!

Robert: Geht auch! Dazu eine geballte Faust.

Sebastian: Ich glaube, die frühere Schule wird ein Flüchtlingsheim. Ich bete dafür, dass sie abgefackelt wird!‹

Herr Mühlhaus, dieser ›Gedankenaustausch‹ fand zwei Tage vor dem Anschlag statt!«

»Ich weiß auch nicht. Wir reden und schreiben halt manchmal solche Sachen, aber das ist doch alles nicht ernst gemeint!«

»So, Sie reden und schreiben manchmal solche Sachen, die nicht ernst gemeint sind. Sie haben durch Ihre Tat aber gezeigt, dass Sie es offenbar doch ernst meinen. Da betet Ihr Freund dafür, dass die frühere Schule, in der Asylbewerber leben, bald abgefackelt wird, und zwei Tage später werfen Sie einen Molotowcocktail genau in dieses Haus!«

»Ich will nicht mehr! Ich kann nicht mehr!« Robert wurde laut. »Wie oft muss ich noch sagen, dass ich an diesem Abend total besoffen war! Ich hatte ein Blackout! Verstehen Sie?«

»Ich verstehe sehr wohl, Herr Mühlhaus. Ich werde Ihre Verteidigung darauf aufbauen, dass Sie, wenn Sie übermäßig Alkohol getrunken haben, oft Dinge tun, die Sie hinterher bereuen. Sie gehören keiner rechten Partei an, sympathisieren auch nicht mit Bewegungen wie ›Pegida‹ oder ›PRO NRW‹ oder ähnlichen Gruppierungen, machen sich aber Gedanken über die politische Entwicklung, fühlen sich ohnmächtig, wenn Sie die Bilder über Flüchtlinge im Fernsehen sehen, und lassen, zumindest in alkoholisiertem Zustand, Ihrer Wut freien Lauf.«

»Wenn Sie das so sehen, ja, dem stimme ich zu.«

»Herr Mühlhaus, gibt es noch irgendwelche Dinge, die Sie mir bislang noch nicht erzählt haben? Wenn erst im Laufe der Gerichtsverhandlung neue Fakten auftauchen, dann ist das für uns nicht gerade ein Vorteil.«

»Ich weiß nicht, mir fällt nichts mehr ein. Ich hatte aber auch nicht an die Sachen gedacht, über die wir heute gesprochen haben. Diese ständigen Grübeleien, dieser Druck, die Gerichtsverhandlung, die irgendwann stattfinden wird, all das macht mich total unruhig. Wie oft kann ich nachts nicht schlafen, liege wach auf meiner Pritsche und starre vor mich hin in die Dunkelheit. Es ist zum Verrücktwerden! Manchmal denke ich, dass ich das gar nicht bin, der da eingesperrt in der Zelle liegt.«

Tränen quollen aus seinen Augen, liefen ihm über die Wangen.

Kurze Zeit später war Robert Mühlhaus wieder in seiner Zelle.

Mütter

Susanne Mühlhaus, 57 Jahre, geschieden, Beruf: Sekretärin

Warum? Warum? Diese Frage beschäftigte Frau Mühlhaus, ließ sie nicht los, seit ihr Sohn verhaftet wurde. *Warum? Er hatte doch alles!*

Hatte er wirklich immer alles? Hatte die Mutter ihm jeden Wunsch von den Augen abgelesen und ihn erfüllt?

Nein, Frau Mühlhaus wusste, dass sie ihrem Ältesten nicht jeden Wunsch erfüllen konnte. Dafür hatte sie weder Zeit noch Geld. Arbeiten musste sie, nachdem ihr Mann sie verlassen hatte. Viel arbeiten. Ganztags, in der Kreisstadt. Da waren die Kinder oft allein. Doch ihr Größter, wie sie Robert gerne nannte, war schon vernünftig, passte auf den jüngeren Bruder und die kleine Schwester auf. Das machte er. Darauf konnte sie sich verlassen. Und dann waren ja auch noch die Großeltern im Ort. Für den Fall, dass mal etwas passierte. Obwohl nichts passierte, waren die Kinder oft bei den Großeltern. Fernsehen, sich ein bisschen verwöhnen lassen. Besonders von der Oma. Robert saß oft bei seinem Opa. Gemeinsam schauten sie Fotos an. Von früher. Opa als Kind. Opa als Jugendlicher. Opa als Soldat. Stolz blickte er in die Kamera. Opa in seiner Wehrmachtsuniform. Opa mit Gewehr. Mit leuchtenden Augen erzählte er seinem Enkel aus dieser Zeit.

Die Mutter wollte das nie. »Lass doch diese alten Geschichten«, ermahnte sie ihren Vater, wenn er bei einer Familienfeier damit anfing.

Robert war noch zu jung, um die Großvatergeschichten über seine Soldatenzeit und den Krieg zu verstehen. Er spürte nur, wie stolz Opa war, wenn er davon erzählte.

Warum? Er hatte doch alles! Da war sie wieder. Die Frage, die sie umtrieb.

Hatte sie in seiner Entwicklung etwas nicht mitbekommen? War ihr etwas entgangen?

Nein! Davon war sie fest überzeugt. Sie kannte seine Freunde, sie wusste, wann und wo er sich mit ihnen traf. Das war schon während seiner Schulzeit so und auch später, als er eine Lehre machte.

Stolz war sie auf ihn, als er sich für ein Handwerk entschied. Zimmermann. Der Beruf passte zu ihm. Robert, der große, der kräftige junge Mann!

Warum? Er hatte doch alles!

Manchmal war es laut in seinem Zimmer, wenn er sich mit ein paar Freunden dort traf. Die Musik war bis ins Wohnzimmer zu hören. Den Fernseher musste sie lauter stellen, damit sie den Film weiter verfolgen konnte.

Wenn sie ihn darauf ansprach, erklärte er nur, diese Musik könne man nicht leise hören.

Als sie einmal sein Zimmer putzte, schaute sie in den CD-Ständer, in dem Robert seine Musiksammlung aufbewahrte. Es waren nur wenige CDs, und sie überlegte, ob sie ihm zu seinem nächsten Geburtstag mal einige schenken sollte. Doch dafür kannte sie seinen Musikgeschmack zu wenig.

Sie holte eine CD aus dem Regal. »Kategorie C« stand darauf und auf der Rückseite die Musiktitel. »Ist das der Name der Band oder gibt es neben der Kategorie C auch eine Kategorie B und A?«, überlegte sie.

Sie schaute weiter. »Böhse Onkelz« stand auf der nächsten und »Sturmwehr« auf der dritten.

»Böhse Onkelz«, das hatte sie schon einmal gehört. Angeblich sollten deren Lieder rechtsextrem sein. Doch sie kannte weder die Gruppe noch die Lieder, deswegen hatte sie sich nie groß Gedanken darüber gemacht. Und jetzt, als sie die CD bei Robert entdeckte? Sie würde ihn danach fragen. Das nahm sie sich vor.

»Ach Mama«, bekam sie zwei Tage später zur Antwort, »die machen ganz normale Musik. Nur manchmal gibt es eben Leute, die sich daran stören. Gab es während deiner Jugendzeit nicht auch Erwachsene, die mit eurer Musik nichts anfangen konnten?«

Doch, die Rolling Stones und die Beatles waren sicher nicht bei allen beliebt.

Damit war für Frau Mühlhaus das Thema Musik zunächst einmal abgehakt. Sie fragte auch nicht mehr nach den anderen Gruppen. Das war die Musik der jungen Generation. Fertig!

Warum? Er hatte doch alles!

Als Robert eines Tages, er war gerade siebzehn geworden, von der Polizei nach Hause gebracht wurde, stand sie starr vor Schreck im Flur. »Ihr Sohn hat sich wegen schwerer Körperverletzung schuldig gemacht«, erklärte ihr einer der beiden Polizisten im Beamtendeutsch. »Wir haben ihn schon verhört. Die ganze Sache wird noch ein Nachspiel vor Gericht haben!« Damit wandten die beiden Beamten sich ab und ließen Robert mit der Mutter allein im Flur zurück.

»Was hast du getan?«, wollte Frau Mühlhaus von ihrem Sohn wissen.

»Dieser Typ hat mich die ganze Zeit so dämlich angeglotzt und irgendwelche blöden Geräusche gemacht!«, brauste Robert auf. »Und dann hat er auch noch so doof gegrinst, und da hab ich ihm gesagt, er soll sich verpissen. Hat er natürlich nicht gemacht! So was kann ich nicht auf mir sitzen lassen. Dann hat er sich eine gefangen!«

»Wer war das denn?«

»Irgend so ein Kanake, so ein Kameltreiber!«

Robert hatte nicht nur einmal zugeschlagen, sondern einem jungen Mann aus Äthiopien den Unterkiefer gebrochen und ihm mit Fußtritten schwere Prellungen zugefügt.

Die Mutter war entsetzt, als das Urteil am Jugendgericht verkündet wurde. Zu hundertzwanzig Sozialstunden wurde ihr Sohn verurteilt. Außerdem wurde ihm auferlegt, eine Drogenberatungsstelle aufzusuchen, da die Tat unter Einfluss von Alkohol geschah, wie der Richter es ausdrückte.

Hundertzwanzig Sozialstunden, um Gottes willen, wann sollte er die denn ableisten? Blass verließ die Mutter den Gerichtssaal.

»Robert«, ermahnte sie ihn draußen, »hör doch mit dieser blöden Trinkerei auf!«

»Ich trinke doch gar nicht so viel«, versicherte er ihr, »du musst dir keine Gedanken machen. Es muss doch einfach drin sein, mit einem Kumpel mal ein Bier zu trinken, oder?«

Die Mutter sagte nichts mehr.

Auch nicht, als weitere Straftaten folgten. Mal war es Diebstahl, aber immer wieder auch Körperverletzung.

Warum? Er hatte doch alles!

Dann kam die Zeit, in der Robert sich der mütterlichen Kontrolle weitgehend entziehen konnte. Er kam zur Bundeswehr.

Als er an einem Sonntagmorgen aus dem Bad kam, lediglich mit einem Handtuch um die Lenden, entdeckte sie sie zum ersten Mal.

»Was ist das denn?« Sie deutete auf Brust und Oberarm.

»Sieht gut aus, findest du nicht auch?«

»Ich weiß nicht«, sagte Frau Mühlhaus, »so was verunstaltet doch den ganzen Körper. Und was sind das denn für Gebilde, die du dir hast eintätowieren lassen?«

»Das sind alte germanische Zeichen«, sagte er kurz und bündig. Mehr nicht.

Die Mutter konnte weder mit seiner Erklärung noch mit den Zeichen etwas anfangen. ›Germanische Zeichen‹, was sollte das denn?

Warum? Er hatte doch alles!

Nach der Bundeswehrzeit hatte er für ein paar Monate eine Arbeit gefunden. Dann wurde er entlassen. Von heute auf morgen. Er verstand das nicht. Arbeitslos! Was sollte er mit seiner Zeit anfangen?

»Du musst dich bewerben«, drängte ihn die Mutter, »du darfst nicht aufgeben!«

Er bewarb sich. Er kassierte Absagen. Selbst die Arbeitsagentur hatte nichts Passendes für ihn.

Tagsüber engagierte sich Robert im Ort. Er reparierte Spielgeräte auf dem Spielplatz, baute ein Tor für den Bolzplatz, besserte Ruhebänke aus, die für Wanderer irgendwo in der Gemarkung standen. Er half, wo er nur konnte. Es freute ihn, gebraucht zu werden.

Das brachte ihm viel Lob ein und die Mutter war stolz auf ihren Sohn.

Abends war Robert in Opas Werkstatt. Sie stand leer, seitdem der alte Mann dort keine Maschinen mehr reparierte.

Dann hatte Robert eine Idee. Die Werkstatt sollte ein Treffpunkt werden. Geld, um abends in einer der Gaststätten im Ort ein Bier zu trinken, hatte er nicht. Großer Investitionen, um den Raum herzurichten, bedurfte es nicht, das, was er brauchte, fand er im Ort in ehemaligen Scheunen und Schuppen. Einen Tisch, ein paar Bänke, ein paar Stühle. Selbst einen alten Kühlschrank entdeckte er.

Müssen Mütter noch jeden Schritt ihrer erwachsenen Söhne mitbekommen?

Frau Mühlhaus genoss die abendliche Ruhe, wenn sie nach einem langen Arbeitstag vor dem Fernseher saß. Keine laute Musik störte sie mehr.

Doch was entdeckte sie in seinem Zimmer? Filme, Zeitschriften, Zeitungsartikel über Hooligans. Hooligans, die zu Fußballspielen fuhren, dort randalierten. Das stand in einem der Artikel, den sie überflog. Musste sie sich Gedanken machen? Robert fuhr auch regelmäßig zu den Spielen seines Vereins. Er fuhr nicht allein, doch sie kannte die Leute nicht, denen Robert sich angeschlossen hatte. Gehörte er zu diesen Hooligans oder warum lagen diese Dinge hier in seinem Zimmer rum?

Robert lachte, als sie ihn darauf ansprach. »Das ist alles ganz anders«, meinte er. »Klar ist es dort laut, wenn wir in den Stadien unsere Lieder singen. Bier gibt es natürlich auch! Das gehört doch zusammen!«

»Und was singt ihr für Lieder?«

»Zum Einstimmen singen wir unterwegs Lieder von ›Kategorie C‹. Hannes Ostendorf, der Sänger der Band, der bringt einen so richtig gut drauf!«

»Ist das der Krach, weswegen ich früher immer den Fernseher lauter machen musste, wenn deine Freunde bei dir oben im Zimmer saßen?«

Robert lachte und nickte.

Warum? Er hatte doch alles!

Für die Mutter war Roberts Musik einfach nur Krach, den sich viele junge Leute anhörten. Nie hatte sie danach gefragt, was in den Liedern besungen wurde.

Nie hatte sie gefragt, was es mit den germanischen Zeichen auf sich hatte, die er stolz auf Brust und Oberarm trug und die er auch gerne zeigte.

Nie hatte sie gefragt, ob er vielleicht doch irgendwelche Kontakte zu Hooligans hatte, nachdem sie die Filme und Zeitschriften in seinem Zimmer entdeckt hatte. Gehörte das vielleicht einfach so dazu wie die Musik, die für sie nur Krach war? Nie hatte sie sich Gedanken darüber gemacht.

Nie hatte sie ihn danach gefragt, was er abends in Opas Werkstatt machte. Sie wusste nur, dass er sich dort mit Freunden traf. Aber mit welchen? Immer noch denselben, mit denen er früher seine Zeit verbracht hatte, oder waren neue dazugekommen? Was machten sie dort den ganzen Abend? Nur ihr »Feierabendbier« trinken, wie Robert es einmal gesagt hatte? Sie hätte ihn fragen können. Sich für das, was er tat, interessieren können, denn im Ort wurde sie schon angesprochen, welchen Umgang Robert habe.

Nein, sie hatte kein Bild von ihrem Sohn, so wie er wirklich war. Ihr Bild von ihrem Sohn wurde gespeist von den angenehmen Erinnerungen. Ihr Sohn, der Zimmermann, ihr Sohn, der Hilfsbereite, ihr Sohn, der Fußballfan.

Dann kam die Nachricht.

»Ihr Sohn ist einer der Hauptverdächtigen des Brandanschlages in P.!«

Warum? Warum denn nur? Er hatte doch alles!

Erika Burg, 46 Jahre, ledig, Beruf: Krankenschwester

»Und, wieder was angestellt?« Mit diesen Worten begann Erika Burg am frühen Morgen die SMS an ihre Tochter Beate. Sie hatte kein gutes Gefühl, weil sie wusste, dass Beate sich manchmal zu Taten hinreißen lässt, die sie nicht überschaut. Die Polizei hatte sie einige Male nach Hause gebracht, weil sie in Straftaten verwickelt war. Kleinigkeiten nur. Einmal war sie mit dabei gewesen, als Matze im Geschäft eine Flasche Schnaps geklaut hatte und sie ihr in die Handtasche steckte, ein andermal hatte sie in der Kreisstadt vor einer Flüchtlingsunterkunft mit randaliert, ohne genau zu wissen, worum es konkret ging. Meist war sie Mitläuferin, aber immerhin: Sie war dabei.

Zwei Dinge hatten sie dazu veranlasst, diese SMS zu schreiben: 1. Beate war nicht zu Hause, ihr Bett war leer und unbenutzt. 2. In den Frühnachrichten im Radio hörte sie, dass es in P. einen Brandanschlag auf ein Asylbewerberheim gegeben haben soll.

Frau Burg kombinierte. Wollte Beate am Vorabend nicht noch nach P. zu Matze oder in den Nachbarort zu Robert? Sie kannte diese beiden jungen Männer. Mit Robert war Beate sogar einmal mehr als befreundet gewesen. Ihre Tochter erzählte oft von den beiden. So erfuhr die Mutter nicht nur, welche Musik sie hörten, Beate erzählte auch, dass Robert und Matze viel tranken und sich in ihrem Alkoholrausch über alles Mögliche die Köpfe heißredeten, besonders aber über dieses »Ausländerpack«, wie Beate sich ausdrückte. Manchmal seien sie kaum noch zu bremsen.

»Freunde sind wichtig im Leben«, sagte Frau Burg einmal zu Beate, »und bei denen bist du ja ganz gut aufgehoben. Aber sieh dich vor«, warnte sie ihre Tochter, »der Robert, der kann ganz schön ausfallend werden!«

Ja, Beate wusste das, deswegen provozierte sie ihn nie, und widersprechen wollte sie ihm erst recht nicht.

»Lass dich aber von den beiden nicht in irgendwas reinziehen«, ergänzte die Mutter ihre Warnung. »Solange die nur reden, ist es ja gut. Aber weitergehen dürfen die nicht! Ich mag es mir gar nicht ausmalen!« Nach einer kurzen Pause fuhr sie fort: »Denk an deine Kinder. Die müssen für dich wichtiger sein als alles andere. Sei vernünftig!«

»Die Kinder sind mir auch wichtig, Mama«, entgegnete Beate, »aber ich bin jung, ich möchte auch noch ein bisschen mein Leben genießen. Und Robert und Matze sind einfach gute Freunde, bei denen ich mich wohlfühle. Die Einstellungen, die sie haben – ich kann sie verstehen. Schau doch mal, was hier im Kindergarten los ist! Da sind doch kaum noch deutsche Kinder!«

»Jetzt übertreib mal nicht, Beate, so viele sind es nun wirklich nicht, die aus anderen Ländern kommen. Aber du hast ja recht, es reicht!«

Traute sie ihrer Tochter zu, dass sie an dem Brandanschlag beteiligt war, oder warum begann sie die SMS mit diesen Worten?

Wenn sie ehrlich zu sich selbst war, dann befürchtete sie es. Sie befürchtete schon seit einiger Zeit, dass etwas passieren könnte. Nicht die Fernsehbilder waren es, die ihr Kummer bereiteten, sondern Beates Äußerungen, wenn sie sich mit Matze und Robert getroffen hatte.

»Vom Wort zur Tat ist es oft nur ein kurzes Stück«, hatte sie ihrer Tochter noch vor wenigen Tagen gesagt. »Geht nicht zu weit! Bei allem Verständnis, geht nicht zu weit!«

Nun hatte sie die Nachricht im Radio gehört: »In der Nacht zum Donnerstag wurde auf das Asylbewerberheim in P. ein Brandanschlag verübt. Verletzt wurde niemand. Die Polizei ermittelt in alle Richtungen.«

Sofort griff sie nach ihrem Handy und schrieb: »Und, wieder was angestellt? Molotowcocktail auf Asylbewerberheim geworfen? Nee, nee, nee!«

Helga Schmitt, 49 Jahre, verheiratet, Beruf: Hausfrau

»Was soll ich dazu sagen, so ist das nun mal mit jungen Leuten, wenn sie keine Arbeit haben. Dann kommen sie auf dumme Gedanken.«

Dumme Gedanken?

Vor einigen Monaten hatte Frau Schmitt auf dem Speicher ihres Hauses eine Entdeckung gemacht. Einige leere Farbspraydosen lagen dort herum und Tapetenrollen. Deren Rückseiten waren besprüht. Mit Hakenkreuzen. Die ersten Versuche konnte man noch nicht so genau als solche erkennen, aber je öfter die Person geübt hatte, umso genauer wurden die Hakenkreuze. Wer könnte dahinterstecken? Lange musste sie nicht überlegen. Es gab nur einen, der dafür infrage kam: ihr Sohn Matthias. Darauf angesprochen gab er es auch unumwunden zu. Grinsend. Die Mutter schüttelte den Kopf. Für sie war die Sache damit erledigt. Obwohl sie wusste, dass ein bislang Unbekannter an die Bushaltestelle am Ort mit ebensolcher Farbe ein Hakenkreuz gesprüht hatte.

Und was schmückte seit einiger Zeit eine Wand seines Zimmers? Eine große Fahne, schwarz, weiß, rot, mit einem Adler in der Mitte.

»Wo hast du dieses Ding denn her?«, fragte die Mutter.

»Gekauft!«, gab Matze kurz zurück.

»Dafür gibst du dein Geld aus! Du solltest lieber mal was in die Haushaltskasse geben, denn essen willst du ja schließlich auch!«

»War nicht teuer, das Ding. Sonderpreis!«

Frau Schmitt kam schon lange nicht mehr dagegen an, dass ihr Sohn den größten Teil des Tages vor dem Computer verbrachte. Wenn sie ihn mal bat, etwas zu erledigen, antwortete er stets mit einem »Ja, gleich«. Dabei bleib es. Nur ab und zu hörte sie seine Schritte. Dann ging er in den Keller und holte sich ein Bier.

»Was soll ich dazu sagen?«

Matthias hatte es ja auch nicht leicht im Leben. In der Grundschule kam er nicht mit, deswegen ging er schon nach der zweiten Klasse auf die Sonderschule. Doch mit dem Schulabschluss von dort hatte er keine Ausbildungsstelle gefunden. Bei verschiedenen Betrieben hatte er gearbeitet, aber schon nach einigen Wochen wieder aufgehört. Mal war ihm die Arbeit zu schwer, mal wurde er von Kollegen verspottet und hatte deswegen aufgehört, und einmal hatte er sich mit seinem Chef angelegt und war sofort entlassen worden. Der Grund war seine Alkoholfahne am frühen Morgen, die der Chef nicht duldete. Matthias wurde laut, brüllte rum, niemand wolle ihn, niemand gebe ihm eine Chance! Den Rest des Tages lief er durch den nahe gelegenen Wald, weil er sich nicht nach Hause traute.

Sein Vater würde ihn windelweich schlagen, das befürchtete er.

Der Alkohol! Wie oft hatte die Mutter ihm gesagt, er solle nicht trinken!

»Aber er hörte ja nicht auf mich!«, gestand sie resigniert, wenn sie darauf angesprochen wurde.

Matthias hatte getrunken. Jeden Tag. Er konnte nicht aufhören. Er brauchte den Alkohol. Oft schon morgens.

»Was soll ich dazu sagen?«

Etwas besser ging es ihm, als er eine Freundin hatte. In dieser Zeit trank er weniger. Er war fröhlicher und saß nicht mehr den ganzen Tag vor seinem Computer. Die Mutter hoffte, dass es nun bergauf ginge. Dass er sich eine Arbeit suchen werde. Er wollte ja schließlich mit der Freundin etwas unternehmen. Matthias fing damit an, über einen Beruf zu reden, zumindest über eine feste Arbeitsstelle. Er wollte wirklich Geld verdienen, seiner Freundin damit zeigen, was er draufhatte.

Doch dann kam der Absturz. Lange Zeit sagte er gar nichts. Er saß wieder in seinem Zimmer vor dem Computer. Oder er hörte Musik. Laute Musik. Die Mutter vermutete, dass er mit der Freundin Probleme hatte. Sie trafen sich nicht mehr. Matthias redete nicht mehr über sie, so wie er das sonst getan hatte. Frau Schmitt hätte ihn gerne darauf angesprochen, doch sie fand nie eine passende Gelegenheit oder die richtigen Worte dafür.

Matthias war es dann, der mit seiner Offenbarung die Mutter schockte. Ganz unvermittelt sagte er am Frühstückstisch: »Ich werde Vater!«

Als die Mutter sich halbwegs gefasst hatte, suchte sie nach passenden Worten, um zumindest für sich Klarheit zu gewinnen.

»Ist das Kind tatsächlich von dir?« Das war die erste Frage. Die zweite kam gleich hinterher, ohne dass Matthias die Gelegenheit gehabt hätte, zu der ersten Frage etwas zu sagen. »Wie soll nun alles weitergehen?«

Matthias wusste nur eines: Kinder mochte er zwar ganz gerne, aber mit seiner Freundin eine Familie zu gründen, das konnte er sich nicht vorstellen. So erzählte er es auch seiner Mutter.

Matthias trennte sich von seiner Freundin, vier Monate später wurde sein Sohn geboren. Manchmal durfte er ihn sehen. Das Sorgerecht hatte er nicht beantragt.

»Was soll ich dazu sagen?«

Frau Schmitt war froh, dass er wenigstens Mitglied in der Freiwilligen Feuerwehr war. Dort hatte er eine sinnvolle Beschäftigung, fand sie, und gleichzeitig hatte er Kontakt zu den anderen Mitgliedern bei der Feuerwehr.

Nach einem Löscheinsatz wurde er fristlos entlassen. Der Grund? Matthias hatte diesen Brand selbst gelegt. Dafür kam er vor Gericht und musste ins Gefängnis.

Vor Gericht hatte er schon öfter gestanden. Einige Male hatte er in der Öffentlichkeit den Hitlergruß gezeigt.

»Warum machst du das?«, hatte die Mutter ihn gefragt.

»Das ist doch der einzige Gott, an den man noch glauben kann«, war seine Antwort. »Beim Adolf gab's wenigstens keine Arbeitslosen! Da hatte jeder was zu tun! Dafür hat er gesorgt!«

»Renn doch nicht den falschen Leuten hinterher!«, hatte Frau Schmitt ihn gewarnt. »Du siehst ja, wohin das geführt hat. Der Krieg, die vielen Toten, die ganzen Lager!«

Matthias blieb bei seiner Auffassung. Adolf Hitler war sein Gott.

»Was soll ich dazu sagen?«

Sie wusste nicht, was sie sagen sollte, als sie erfuhr, dass ihr Sohn an dem Brandanschlag im Ort beteiligt war. Sie hatte immer Angst um ihn, auch Angst davor, dass er irgendwann noch einmal eine Dummheit begehen könnte. Nein, sie wusste wirklich nicht, was sie sagen sollte. Tage später, als sie erfuhr, dass er in Untersuchungshaft war, hatte sie die vage Hoffnung, jetzt könne sich etwas ändern. Warum? Nur so ein Gefühl von ihr.

Ihr Mann hatte Matthias schon abgeschrieben. Der wollte nichts mehr von ihm wissen. Er schämte sich für seinen Sohn. Nicht erst seit der Tat. Vielleicht hatte Matthias deswegen nicht angerufen, weil er Angst hatte, sein Vater könnte ans Telefon gehen. Denn der war immer der Erste, der den Hörer in der Hand hatte.

»Was soll ich dazu sagen? Ich werde ihn besuchen. Ich gebe ihn nicht auf!«

TEIL 3

Im Namen des Volkes

Die Gerechtigkeit erkennt man daran,
dass sie jedem das Seine zuteilt.

Marcus Tullius Cicero

Pressemitteilung

Die Staatsanwaltschaft beim Landgericht in B. erhebt gegen die drei Hauptverdächtigen im Brandanschlag auf das Asylbewerberheim in P. Anklage. Die beiden Männer und eine Frau werden des gemeinschaftlich begangenen Mordversuchs und versuchter schwerer Brandstiftung beschuldigt. Das Motiv für ihre Tat ist nach dem Stand der Ermittlungen Fremdenfeindlichkeit. Die Beschuldigten wussten genau, dass in dem Haus, auf das sie den Anschlag verübt haben, Asylbewerber wohnten. Dies ist eine verachtenswerte Tat auf unterster Stufe.

Die Tatverdächtigen haben den Ermittlern gegenüber ihre Beteiligung an der Tat gestanden. Selbst nennen sie einen hohen Alkoholkonsum an jenem Abend als Auslöser, ohne den sie die ihnen vorgeworfene Tat nicht hätten begehen können. Fremdenfeindlichkeit oder gar eine rechte Gesinnung weisen sie von sich.

Die Beschuldigten bereuen ihre Tat. Einer von ihnen, Robert M., hat sich in einem Brief an die Redaktion der Lokalzeitung in P. gewandt und sich darin unter anderem bei den Opfern für die Tat entschuldigt. Trotzdem bleibt der Tatbestand des versuchten Mordes bestehen, weil die Beschuldigten mit ihrer Tat billigend in Kauf genommen haben, dass zumindest im Erdgeschoss des Hauses, in das sie den Molotowcocktail geworfen haben, Menschen zu Tode kommen könnten.

Der Staatsanwaltschaft liegen weiterhin hinreichende Erkenntnisse vor, die gerade den Tatbestand einer rechten Gesinnung bis hin zu einer Verherrlichung des Nationalsozialismus belegen.

Indizien dafür sind nicht nur die Musik rechter Gruppen, die bei einem der Angeklagten sichergestellt wurden. Hinweise auf eine rechte

Gesinnung ergeben sich auch aus der Auswertung von WhatsApp-Mitteilungen, die von den Tatverdächtigen verschickt beziehungsweise die sie erhalten haben.

Für die Verhandlung sind vier Termine beim Landgericht in B. vorgesehen.

Der Prozess

1. Tag

Die Zuschauerplätze im Gerichtssaal am Landgericht in B. waren schon zehn Minuten vor Verhandlungsbeginn alle besetzt. Neben Angehörigen der drei Angeklagten waren es offenbar viele interessierte Bürgerinnen und Bürger sowohl aus P. als auch aus der Umgebung, die den Prozess verfolgen wollten. War es reine Neugierde, die die große Zahl von Zuschauern in den Gerichtssaal trieb? Oder war es das Empfinden, das hier über eine abscheuliche Tat Recht gesprochen werden sollte? Recht im Namen des Volkes? Waren sie die Vertreter des Volkes? Oder saßen auch Menschen in den Zuschauerreihen, die durch ihre Anwesenheit die Sympathie mit den Angeklagten zum Ausdruck bringen wollten? Diese Vermutung ließ sich erst in der Mittagspause bestätigen, als sich doch ein erheblicher Teil der Zuschauer um die Familien der Angeklagten scharten.

Die drei Angeklagten wurden in Handschellen in den Gerichtssaal geführt. Kurze Blicke in den Zuschauerraum, angedeutetes Kopfnicken, dann gespanntes Warten. Der Richter eröffnete die Verhandlung, befragte die beiden Männer und die Frau zur Person. Danach verlas der Staatsanwalt die Anklageschrift. Darin schilderte er den gesamten Verlauf der Tat in jener Augustnacht und kam zu dem Schluss, dass drei Merkmale den Vorwurf des versuchten Mordes bestätigten:

1. niedere Beweggründe wegen der fremdenfeindlichen Motivation
2. Gemeingefährlichkeit wegen des Molotowcocktails als Tatwaffe
3. Heimtücke wegen der nächtlichen Uhrzeit der Tat.

Ferner beschuldigte er die Angeklagten der versuchten schweren Brandstiftung.

Die Angeklagten äußerten sich zu den Vorwürfen nicht direkt, sondern ließen ihre Anwälte Erklärungen verlesen, die sie angeblich selbst verfasst hatten. Darin gestanden sie die Tat, stritten aber vehement jegliche ausländerfeindlichen Motive ab. Die beiden Männer räumten ein, an diesem Abend erhebliche Mengen Bier und Weinbrand getrunken zu haben, und nur durch den Alkoholkonsum sei die Tat zu erklären. Matthias Schmitt beschrieb sich in seiner Darstellung als Mitläufer. Robert Mühlhaus sei derjenige gewesen, der den größten Teil des Abends bestimmt habe. Er sei es auch gewesen, der die Idee mit dem Molotowcocktail hatte. Er, Matthias Schmitt, habe gar nicht gewusst, wie man so ein Ding baue.

Die Angeklagte Beate Burg stritt eine aktive Beteiligung an der Tat ab, sie habe lediglich das Auto gefahren. Mit dem ganzen »Ausländerkram«, wie sie sich ausdrückte, wollte sie nichts zu tun haben. Das interessiere sie nicht, sie sei unpolitisch. Sie, die zweifache alleinerziehende Mutter, habe auch bis zuletzt nicht daran geglaubt, dass Robert Mühlhaus die Tat wirklich ausführe.

Zum Tathergang wurden anschließend Zeugen befragt. Als erste Zeugin bat der Gerichtsdiener Mary aus Simbabwe in den Saal.

Ängstlich, mit kleinen Schritten und den Blick nach unten gerichtet, betrat sie den Raum. Sie wollte auch nicht aufschauen, als sie am Zeugentisch saß. Sie wusste, nur wenige Schritte von ihr entfernt saßen die Täter, die, die versucht hatten, ihren Sohn umzubringen.

Nachdem der Richter sie zur Person befragt hatte, sprach er über die Tat. Eine Dolmetscherin übersetzte. Ja, sie habe in dieser Wohnung gewohnt. Ja, das Zimmer, in dem es gebrannt habe, war das ihres Sohnes, in dem habe er sonst immer geschlafen. Nur nicht in jener Nacht des Anschlages, da wollte er bei der Mutter und den Geschwistern sein.

Im Anschluss an diese Befragung wurden über einen Beamer Fotos des Zimmers gezeigt, in das der Molotowcocktail geworfen worden war.

Ein Foto von außen – die zerbrochene Scheibe im unteren Bereich des Fensters, auf den oberen Flügel hatten Kinder von innen Sterne angeklebt.

Das zweite Foto – der Molotowcocktail unter dem Bettgestell. Eine große schwarze Brandfläche war zu sehen, die Wände, soweit erkennbar, verrußt. Auf einem Stuhl ein Fahrradhelm.

Das dritte Foto – noch einmal das zersplitterte Fenster von innen, rechts und links hingen rote Gardinen.

Mary konnte die Fotos kaum aushalten. Tränen rollten über ihre Wangen.

»Ist das das Zimmer Ihres Sohnes?«, wollte der Richter wissen.

»Ja«, sagte Mary unter Tränen, »das war es.« Mehr brachte sie nicht heraus.

Nach einer Pause, um die sie gebeten hatte, wurde sie zum Tathergang befragt, so, wie sie ihn wahrgenommen hatte.

Aufgewacht sei sie von dem Klirren der Fensterscheibe. Spontan vermutete sie einen Einbruch und wählte die Nummer der Polizei. Doch schon bald habe sie den Qualm bemerkt und habe sich mit ihren Kindern ins Freie gerettet. An einen Anschlag hatte sie in dem Augenblick noch nicht gedacht. Sie hatte überhaupt nicht an einen Anschlag gedacht. Erst viel später in der Nacht habe man ihr das gesagt, als die Feuerwehr den Brand gelöscht hatte, der offensichtlich ihr und ihrer Familie galt.

»Können Sie zum Schluss noch sagen, wie es Ihnen geht?«, bat der Richter Mary. »Ich möchte, dass die Angeklagten etwas über die Dimension ihrer Tat erfahren.«

Mary schluckte. Was sollte sie sagen? Es war ihr alles immer noch so unbegreiflich. Am liebsten hätte sie alles vergessen, weggewischt, ausgelöscht. Doch nicht nur die Bilder waren ihr stets präsent, sondern auch ihre Angst.

»Diese Wohnung konnte ich nicht mehr betreten«, sagte sie mit zittriger Stimme. »Die Kinder, ich habe Angst um meine Kinder. Fast jeden Tag denke ich, dass noch einmal etwas passieren könnte. Auch meine Kinder haben Angst. Keines von ihnen will mehr allein schlafen.«

Sie machte eine Pause, sammelte sich, dann sagte sie mit fester Stimme: »Jede Nacht um zwei Uhr schrecke ich aus dem Schlaf hoch. Jede Nacht!« Zum ersten Mal wandte sie ihren Blick zu den Angeklagten, die tief nach vorne gebeugt auf ihren Plätzen saßen und nach unten schauten.

»Ich danke Ihnen für diese Aussage!« Damit entließ der Richter sie aus dem Zeugenstand.

Nacheinander wurden weitere Bewohner des Hauses befragt. Alle schilderten zunächst auf Bitten des Richters die Motive ihrer Flucht und das, was sie sich von Deutschland erhofften. Sicherheit! Sicherheit für sich und die Familie, vor allem für die Kinder. Und ein Leben ohne Angst!

»Sind dies die typischen Wutbürger, die in Dresden oder anderen Städten bei Pegida mitlaufen, oder haben Bewegungen wie diese erst andere Menschen dazu gebracht, solche Taten zu verüben?«

Mit dieser Frage wurden die Verteidiger der Angeklagten am Ende des ersten Prozesstages in den Fluren des Gerichtsgebäudes von Journalisten konfrontiert.

Ob Pegida ein auslösender Faktor gewesen sei, wollten sie nicht beantworten. Ihre Mandanten seien bislang jedenfalls nicht bei Pegida-Protesten mitgelaufen. Auch seien sie in der rechten Szene nicht organisiert. Aber klar: Als Wutbürger könne man sie bezeichnen. Es sei pure Hilflosigkeit gegenüber den Fremden, die sich in ihren Heimatorten niederließen. Wie sollten, wie könnten sie damit umgehen? Dafür hätten sie keine adäquaten Lösungen.

Zu einer klaren Einschätzung, welche Rolle Pegida im Zusammenhang mit der sich häufenden Gewalt gegenüber Flüchtlingen spiele, kam der Extremismusforscher Hajo Funke in einem Rundfunkinterview anlässlich der Vielzahl der Brandanschläge in Deutschland.

Pegida werde, so führte er aus, von jemandem geleitet, der Flüchtlinge für Viehzeug halte, und damit entfessele er Ressentiments. In den ersten drei Monaten seit der Existenz von Pegida sei die Zahl der Gewalttaten gegen Flüchtlinge und entsprechende Unterkünfte auf das Doppelte angestiegen. Im Schatten dieser Bewegung hätten sich Bürger zu Taten aufgerufen gesehen.

2. Tag

»Herr Mühlhaus, Herr Schmitt, Frau Burg, Sie haben bislang ausgesagt, dass Sie die Ihnen vorgeworfene Tat nicht aus fremdenfeindlichen Motiven begangen haben, sondern dass der Alkohol, zumindest bei Ihnen Herr Schmitt und Herr Mühlhaus, der ausschlaggebende Faktor war. Ist das so weit richtig?«

Obwohl der Richter die Angeklagten anschaute und auch offenbar von ihnen eine Antwort erwartete, erhob sich der Anwalt von Robert Mühlhaus: »Ich denke, mit einer Promillezahl von 2,6, die erst Stunden nach der Tat festgestellt wurde, ist in diesem Sinne, wie Sie, Herr Richter, das dargestellt haben, in der Tat davon auszugehen.«

»Die Ermittlungsergebnisse lassen weitere Rückschlüsse zu«, begann der Richter. »Dem Gericht liegen nunmehr die Auswertungen der WhatsApp-Mitteilungen der vergangenen Monate vor. Danach ist es besonders Ihr Mandant, Herr Anwalt, der sich in seinen Nachrichten in einer Weise äußert, dass man daraus nur einen Schluss ziehen kann: eine rechtsextreme und fremdenfeindliche Gesinnung.«

»Ich denke, es ist eine Frage der Bewertung im Zusammenhang mit der Tat«, entgegnete Roberts Anwalt. »Das, was die Angeklagten untereinander, vielleicht auch noch mit anderen, an Mitteilungen ausgetauscht haben, war zunächst sicher einmal eine hilflose Spinnerei im Angesicht einer Entwicklung, mit der sie Tag für Tag über die Nachrichtensender konfrontiert waren. Angst und sicher auch Wut hat sich in verbaler Form auf diese Art bei ihnen entladen. Ausschlaggebend für die Tat, und davon bin ich fest überzeugt, war ihr Alkoholkonsum. Hätten sie weniger an diesem Abend getrunken, dann hätte er auch sicher in der Werkstatt ein friedliches Ende genommen.« Der Anwalt machte eine kurze Pause, bevor er fortfuhr: »Ja, die Angeklagten neigen in ihrer politischen Einstellung zu einfachen Antworten auf die großen Fragen der heutigen Zeit. Aber ihnen dadurch eine verinnerlichte rechtsextreme und ausländerfeindliche Einstellung zu attestieren, würde den Kern nicht treffen. Weder sind sie in einer Partei organisiert noch haben sie an Kundgebungen rechter oder rechtspopulistischer Vereinigungen teilgenommen.«

Der Anwalt versuchte mit seinen Argumenten, den politischen Aspekt aus der Verhandlung herauszunehmen und die Tat auf den Alkoholkonsum zu reduzieren.

»Herr Anwalt, lassen Sie uns die WhatsApp-Protokolle erst einmal hier offenlegen. Das Gericht wird dann, wenn es um die Urteilsfindung geht, zu einer angemessenen Bewertung kommen.«

Der Richter blätterte in seinem Ordner.

»Da haben wir hier eine Nachricht, die Herr Mühlhaus am 17. Juni des vergangenen Jahres verschickt hat: ›Adolf Hitler, wo steckst du? Bitte melde dich! Deutschland braucht dich!‹ Dahinter drei Hakenkreuze. Oder die Meldung vom 11. Oktober letzten Jahres: ›Ich bin der neue Adolf! Nix Zyklon B, erhängt wird das Pack!‹ Oder, aus dem gleichen Zeitraum: ›Für manche Leute hätte die Gaskammer offen bleiben sollen!‹ Dahinter wieder drei Hakenkreuze.

So geht das an einem Stück. Verherrlichung des Nationalsozialismus, Benutzung verbotener Zeichen und fast nach jeder Nachricht ein ›Sieg Heil‹ oder ›Heil Hitler‹. Die letzte Nachricht von Herrn Mühlhaus stammt von dem Tag nach der Tat, wenige Stunden bevor er verhaftet wurde. Da hatte ihm ein Freund, dem er gelegentlich Nachhilfeunterricht gab oder bei den Hausaufgaben half, von dem Brandanschlag auf das Asylbewerberheim geschrieben. Die Antwort von Herrn Mühlhaus: ›Da hat wohl ein Neger zu heiß gefurzt!‹«

Die ganze Zeit über saß Robert Mühlhaus nach vorne gebeugt auf seinem Platz, den Kopf auf die Unterarme gebettet. Bekam er mit, was der Richter hier vorlas? Berührte ihn das oder schämte er sich dafür? Nur bei der letzten Nachricht, die verlesen wurde, schaute er kurz zum Richterpult hoch und verbarg den Kopf gleich wieder auf seinen Armen.

»Das spricht sicher nicht für Herrn Mühlhaus«, räumte der Anwalt ein, trotzdem bleibe er bei seiner Einschätzung, dass der Alkohol ausschlaggebend gewesen sei.

»Ich schlage vor, dass wir zunächst alle Ermittlungsergebnisse, die zu Herrn Mühlhaus zusammengetragen wurden, darstellen und uns anschließend den beiden anderen Angeklagten zuwenden.« Der Richter schaute nach links und rechts zu seinen beiden Beisitzern, zur Staatsanwaltschaft und schließlich auch zu den Anwälten der Angeklagten. Es ergab sich kein Widerspruch. Er blätterte in seinem Ordner und führte aus:

»Herr Mühlhaus hat auf seinem Handy eine große Anzahl von Liedern rechter Rockgruppen, die zum Teil – besonders wenn man sich die Texte der Lieder ansieht, nachvollziehbar – verboten sind. Eine der Gruppen, von denen Lieder dort gespeichert sind, heißt ›Gigi und die braunen Stadtmusikanten‹. In einem der Songs geht es um die damals in der Öffentlichkeit sogenannten ›Döner-Morde‹. Heute wissen wir, dass diese Verbrechen vom ›nationalsozialistischen Untergrund‹ begangen wurden. In diesem Lied, das den Titel ›Döner-Killer‹ trägt, heißt es unter anderem:

Sie drehen durch, weil man ihn nicht
Findet. Er kommt, er tötet
Und er verschwindet.
Spannender als jeder Thriller,
sie jagen ja den Döner-Killer.

Ich erspare ihnen den ganzen Text. Wenn man das liest, es sich anhört und feststellt, dass nur Musik dieser Art auf dem Handy des Angeklagten gespeichert ist, fällt es mir schwer zu glauben, diese Tat sei nicht von rechtsextremen Motiven geleitet worden. Mehr Musik, viel mehr Musik wurde auf dem Rechner des Angeklagten sichergestellt, die er sich offenbar von YouTube heruntergeladen hat. Es findet sich kein Hinweis, dass auch nur einer dieser Titel im öffentlich-rechtlichen Rundfunk gespielt würde. Viele Gruppen, viele Lieder stehen auf dem Index. Herr Mühlhaus, ich kann bei Ihrer Körperhaltung schlecht feststellen, wie genau Sie meine Vorhaltungen mitverfolgen. Möchten Sie dem Gericht etwas dazu sagen?« Der Richter wirkte etwas ungehalten, weil Robert die ganze Zeit über nach vorne gebeugt dasaß. Nun richtete er sich auf. Mit beiden Händen rieb er sich über das Gesicht.

»Ja, ich habe diese Musik gehört.«

»Was haben Sie sich denn dabei gedacht, oder was haben Sie dabei empfunden, wenn in den Liedern spritzendes Türkenblut besungen oder aber auch schlechthin Gewalt verherrlicht wird?«

»Ich hab mir weiter nichts dabei gedacht, wenn ich mir das angehört habe. Es war ja nur Musik.«

»Und empfunden? Wie war das für Sie, was haben Sie gefühlt, wenn Ihnen die Musik in den Ohren dröhnte?« Der Richter wollte nicht lockerlassen.

»Ja, empfunden«, sagte Robert und wirkte nachdenklich, »ich hab mich einfach gut gefühlt.«

»Sie haben sich gut gefühlt, wenn tote türkische Mitbürger oder Gaskammern in Konzentrationslagern besungen wurden?« Der Richter schüttelte den Kopf.

»Ich weiß nicht«, sagte Robert, »ich weiß nicht, was ich gefühlt habe. Es war einfach die Musik, die mir gefallen hat.«

Der Anwalt eines Nebenklägers richtete eine Frage an Robert: »Herr Mühlhaus, wissen Sie, dass der Sänger von ›Kategorie C‹, Hannes Ostendorf, an einem Brandanschlag beteiligt war?«

Robert schaute auf. Klar hatte er das gewusst. Er hatte fast alles über sein Idol gewusst. Nur – sollte er das hier etwa sagen? Er zuckte mit den Schultern.

»Gut, Herr Mühlhaus, kommen wir zum nächsten Thema. Bei Ihrer Verhaftung hatten Sie eine Kundenkarte der Bekleidungsfirma ›Thor Steinar‹ in Ihrem Portemonnaie. Obwohl diese Kleidermarke nicht generell verboten ist, so ist doch weithin bekannt, dass fast ausschließlich Leute aus dem rechten politischen Spektrum ihre Garderobe dort einkaufen. Haben Sie dort häufig eingekauft, Herr Mühlhaus? Wir können das überprüfen lassen.«

»Ja, ich habe dort eingekauft«, sagte Robert. »Es war ja nicht verboten. Und für mich war es ganz praktisch, weil die Sachen per Post geliefert wurden.«

»Herr Mühlhaus, Sie wissen aber, welchen Kundenkreis dieser Hersteller hat? Waren Sie auch schon einmal in einem Laden, in dem diese Marke verkauft wird?«

»Ich hab keine Ahnung, wer die Kunden sind. Ja, ich war auch schon einmal in einem Laden. Letztes Jahr, als ich Urlaub hatte.«

»Ist Ihnen dort bei den Kunden etwas aufgefallen?«

»Nein«, sagte Robert, »das waren ganz normale Kunden.«

Nun ja, Kunden wie er, was war daran besonders? Alle hatten die gleiche Einstellung und den gleichen Geschmack, was ihre Garderobe anging. Wieso sollten sie sich unterscheiden?

»Gut«, meinte der Richter, »verlassen wir dieses Thema. Herr Mühlhaus, Sie haben sich tätowieren lassen. Ist das richtig?«

»Ja, als ich bei der Bundeswehr war.«

»Ich zeige jetzt mal die Motive, die sich bei Ihnen auf Brust und Oberarm befinden. Keine Angst, wir haben Sie nicht heimlich fotografiert. Wir haben uns die Vorlagen besorgt.« Der Richter schaltete den Beamer ein. »Auf der Brust tragen Sie ein Wikingschiff mit einer Odal-Rune und auf dem Oberarm einen Wikinger mit einem Totenkopf. Wissen Sie, dass diese Zeichen von der SS benutzt wurden?«

Robert sah den Richter an und schwieg.

Dafür ergriff sein Anwalt das Wort. »Die Odal-Rune wird auch bei der Bundeswehr benutzt.«

»Herr Anwalt, wir haben es hier mit eindeutig verbotenen Zeichen zu tun. Nicht nur, weil sie von der SS benutzt wurden. In den 90er-Jahren fand man sie bei der Wiking-Jugend. Sie wurden gerichtlich verboten!«

Der Richter klappte geräuschvoll den Ordner zu. Er schaute zu Robert Mühlhaus hin. »Können Sie sich zu den Vorhaltungen äußern? Möchten Sie dazu etwas sagen, dem Gericht erklären?«

Robert räusperte sich. »Mir tut das alles leid, was passiert ist, und ich möchte mich dafür entschuldigen.« Mehr brachte er nicht heraus.

»Ihre Facebook-Aktivitäten gehen in die gleiche Richtung. Nicht nur, dass Sie zum Teil verbotene Songs dort gepostet haben, Sie haben auch verbotene Zeichen wie das Hakenkreuz benutzt. Ein Teil Ihrer Freunde ist ja ganz offensichtlich in der rechten Szene aktiv oder aber auch bei den Hooligans. Haben Sie persönliche Kontakte zu diesen Menschen?«

»Zu einigen nur, wenn wir zu Fußballspielen fahren. Die meisten kenne ich nicht persönlich.«

Auch Matthias Schmitt hatte Lieder rechter Rockbands auf seinem Handy gespeichert. Mehr interessierten den Richter aber die Protokolle seiner Internetrecherchen.

»Ja, ich gebe zu, ich war oft im Internet und habe mir Parteien wie die ›NPD‹ oder ›Der III. Weg‹ angeschaut«, räumte Matthias Schmitt ein. »Aber auch andere ähnliche Gruppen und Parteien. Das hat mich einfach interessiert. Ich wollte wissen, was sie zu der Flüchtlingsflut sagen oder auch zu anderen Themen.«

»Herr Schmitt, kennen Sie Mitglieder dieser Parteien?«

Matze druckste etwas herum. Sollte er etwas sagen? Würde er damit jemanden verraten?

»Ja«, antwortete er schließlich, »ich kenne den Rolf, dem bin ich schon begegnet.«

»Hat dieser Rolf auch einen Nachnamen?«

Matze grinste. »Sicher, aber ich kenne ihn nicht. Ich weiß nur, dass er Rolf heißt.«

»Können Sie uns etwas über diese Begegnung sagen?«

»Zunächst dachte ich, es sei ganz harmlos. War es ja meist auch. Die Partei ›Der III. Weg‹ hatte zu einer Grünkohlwanderung eingeladen. Jeder, der wollte, konnte dort mitgehen. Das klang ganz gut und ich hab mich angemeldet. Dort habe ich den Rolf zum ersten Mal getroffen. Später auch noch einige Male. Jetzt wohnt er in P., glaube ich.«

»Und der Rolf ist da Mitglied?«

»Ja, ich denke schon.«

»Herr Schmitt, Sie sind Vater, steht in der Akte. Wie häufig sehen Sie Ihr Kind?«

»Nicht sehr oft, leider«, sagte Matze.

»Glauben Sie, dass es für ein zweijähriges Kind wichtig ist, ›Heil Hitler‹ sagen zu können?«

Als Matze schwieg, wandte sich der Richter an Beate Burg.

»Frau Burg, Sie bringen Ihren beiden Kindern ein ähnliches Vokabular bei. Sie sind doch eine intelligente Frau, Sie haben die Mittlere Reife. Erklären Sie uns, warum Kinder im Alter von zwei und fünf Jahren solche Wörter kennen sollen! Neben ›Heil Hitler‹ sagt Ihre Jüngste auch schon ›Adolf Hitler‹!«

Beate war überrascht, dass sie so plötzlich angesprochen wurde. Mit großen Augen sah sie zum Richter hin. Dann schüttelte sie den Kopf.

»Nein, dazu kann ich nichts sagen.«

»Frau Burg, da ist noch etwas, das Sie dem Gericht erklären sollten. Am Morgen nach der Tat haben Sie von Ihrer Mutter eine SMS bekommen. Folgender Inhalt ist dort zu lesen: ›Und? Wieder was angestellt? Molotowcocktail in ein Asylbewerberheim geworfen? Nee, nee, nee!‹ Sie haben Ihr mit folgendem Wortlaut geantwortet: ›Wir haben alle artig heia gemacht. Aber schadt ja nix.‹ Wie ist dieser letzte Satz zu verstehen, Frau Burg, erklären Sie ihn uns!«

Beate schaute verlegen nach unten. Offenbar wusste sie nicht, was sie dazu sagen sollte. Ein dünnes »Ich weiß es nicht« brachte sie nach endlos langen Sekunden des Schweigens heraus.

»Sie können uns das also nicht erklären, Frau Burg, ist das richtig?«, bohrte der Richter nach.

»Ich möchte damit einfach nichts mehr zu tun haben«, war die trotzige Antwort von Beate.

»Dann werde ich diesen Satz für Sie interpretieren. Sie wussten genau, was in jener Nacht geschehen ist. Als Beleg dafür dient, dass Sie Herrn Schmitt zum Einsatz zur Feuerwehr gebracht haben. Ich halte ihnen zugute, dass Sie noch nicht wussten, ob jemand verletzt wurde oder vielleicht sogar zu Tode kam. Aber der Mutter schreiben Sie, es schade ja nichts, dass es dort zumindest gebrannt habe. Diese Haltung schließt für mich ein, dass Sie diesen Anschlag mit allen seinen möglichen Folgen nicht nur tatkräftig unterstützt, sondern auch billigend in Kauf genommen haben. Das wird das Gericht bei der Urteilsfindung zu berücksichtigen haben.«

Für den Nachmittag hatte die Verteidigung Zeugen zur Entlastung der Angeklagten laden lassen. Übereinstimmend sagten sie aus, dass sie die Angeklagten nicht als Ausländerfeinde oder Rechtsextremisten einstufen würden. Sie seien ganz normale Bürger mit guten und weniger guten Seiten. Die guten Seiten seien bei allen dreien ihre Hilfsbereitschaft in vielen alltäglichen Dingen. Wenn jemand um Hilfe bitte oder sie mitbekämen, dass jemand Unterstützung brauche, seien sie zur Stelle.

Robert Mühlhaus, ja, wenn er getrunken habe, sei er manchmal etwas laut oder aggressiv, aber im Grunde ein guter Kerl. Ebenso Matthias Schmitt, der es ja in seinem Leben nie leicht hatte. Und Beate Burg kümmere sich so liebevoll um ihre beiden Kinder, nein, dass sie jetzt in diese Sache verwickelt sei, das sei sehr tragisch. Die Kinder brauchten sie doch.

Die Anwälte schienen zufrieden. Endlich wurden die Angeklagten mal nicht von ihrer politischen, sondern von ihrer menschlichen Seite beschrieben. Gut so.

Der letzte Zeuge an diesem Verhandlungstag war der vierzehnjährige Sebastian Metzdorf, dem Robert öfter mal Nachhilfeunterricht gab oder bei den Hausaufgaben half.

»Herr Metzdorf, worüber haben Sie mit dem Angeklagten Robert Mühlhaus gesprochen, wenn Sie mit Ihren Aufgaben fertig waren?«

»Wir haben oft über Adolf Hitler gesprochen«, sagte Sebastian kleinlaut. »Robert hat gesagt, dass wir so einen jetzt gebrauchen könnten.«

»Warum? Hat er das begründet?«

»Ja, er sagte, es kämen zu viele Flüchtlinge zu uns ins Land und das wäre nicht gut. Es gäbe immer mehr Einbrüche und auch andere Verbrechen.«

»Was hätte dieser Hitler denn nach Herrn Mühlhaus' Ansicht gemacht?«

»Er hätte sie weggeschickt.«

»Und wie?«

»Na, ich denke mal, getötet.«

»Und Robert Mühlhaus, was hat der dazu gesagt?«

»›Ich will sie brennen sehen.‹«

»Hat er sich so ausgedrückt?«

»Ja.«

3. Tag

Der dritte Verhandlungstag begann mit einem Antrag der Verteidigung von Robert Mühlhaus. Er forderte, alle Nebenklägerinnen und Nebenkläger, die noch nicht als Zeugen gehört wurden, zu laden, um sie explizit zu befragen, ob und welche körperlichen und seelischen Schäden sie durch den Anschlag davongetragen hätten.

»Herr Anwalt«, brauste der Richter auf, »genügt es nicht, dass die Zeugen, die hier schon ausgesagt hatten, ihre Angstzustände beschrieben haben? Denken Sie nur mal an die Mutter mit ihren drei Kindern aus Simbabwe. Den Akten entnehme ich, und Ihnen dürfte das auch vorliegen, dass sie in psychiatrischer Behandlung ist. Seelische Schäden sind oft schwerer heilbar als körperliche Schäden. Die Menschen, die hierhergekommen sind, haben ihre Heimat ja nicht aus einer fixen Laune heraus verlassen. Oft kommen sie schon traumatisiert hierher. Selbst wenn wir jetzt noch die Bewohner als Zeugen vorladen, die noch keine Aussage gemacht haben, so haben wir doch zur Kenntnis genommen, dass diejenigen von ihnen, die hier waren, zusätzlich noch einmal zumindest seelisch geschädigt wurden. Ihren Antrag muss ich daher zurückweisen.«

Der Anwalt startete einen weiteren Versuch, mit dem er ein anderes Ziel verfolgte.

»Ich beantrage, dass der Brief, den mein Mandant an die Zeitung geschickt hat und der dort veröffentlicht wurde, vom Gericht als entlastendes Beweisstück zur Kenntnis genommen wird.

»Herr Anwalt, dieser Brief ist dem Gericht bekannt. Das ist sicher ein einmaliger Vorgang, dass ein Angeklagter einen solchen Schritt tut. Wenn Sie darauf bestehen, werden wir ihn hier verlesen.«

»Ich bitte darum«, sagte der Anwalt.

Nachdem der Richter den Brief verlesen hatte, ergriff der Anwalt das Wort. »Zwei zentrale Botschaften stecken in diesem Brief. Einmal entschuldigt mein Mandant sich ausdrücklich bei allen für die Tat, und, was noch wichtiger ist, er ruft alle, die sich mit ähnlichen Gedanken tragen, dazu auf, von ihrer Tat abzusehen, weil sie in die Irre führe. Dieser Brief ist in meinen Augen ein eindeutiger Beweis dafür, dass mein Mandant diese Tat nur im Alkoholrausch begehen konnte, ohne die Folgen wirklich abzusehen. Ähnliches, nicht in der Dimension dieser Tat, war auch vorher schon vorgekommen. Wenn er getrunken hat, tut er Dinge, die er hinterher bereut. Nüchtern kann er nicht glauben, dass er zu dieser Tat fähig war. Gleichzeitig ist der Aufruf, seinem Beispiel nicht zu folgen, so etwas wie eine öffentliche Warnung.«

»Herr Anwalt, ich danke Ihnen sehr für Ihre Ausführungen. Das Gericht wird das zur Kenntnis nehmen«, sagte der Richter. »Die Nebenkläger hatten einen Psychiater damit beauftragt, ein Gutachten zu Robert Mühlhaus und Matthias Schmitt zu erstellen. Er wird die Ergebnisse seiner Untersuchungen und Befragungen nun vortragen. Anschließend haben die Verteidiger, aber auch die Vertreter der Nebenklage die Möglichkeit, vertiefende Fragen zu stellen. Bitte Herr Dr. Kopf, Sie können beginnen.«

»Es ist unbestritten«, sagte der Psychiater, »dass die beiden Angeklagten an dem Abend der Tat erhebliche Mengen an Alkohol konsumiert haben. Doch wie sieht es mit ihrer Schuldfähigkeit aus? Wussten sie noch, was sie, trotz Alkohol, taten? Wird ihre Schuld durch den Alkoholkonsum gemindert? Die Bewertung der letzten Frage überlasse ich dem Gericht.

Nach meiner langen und ausführlichen Befragung des Herrn Mühlhaus steht für mich zweifelsfrei fest, dass er genau wusste, was er tat. Minutiös hat er mir den gesamten Verlauf des Abends beschrieben. An jede Kleinigkeit konnte er sich erinnern. An die Gespräche, die sie geführt haben, an die Musik, er erinnerte sich noch an Titel und welche Lieder sie mitgesungen haben, er erinnerte sich an den Bau des Molotowcocktails und daran, wie er im Internet sich noch letzte Anleitungen dazu holte, er erinnerte sich an die Fahrt nach P., auch daran, dass er der Mitangeklagten Beate Burg die Anweisung gab, das Licht am Pkw auszuschalten, und er erinnerte sich auch, dass er Handschuhe getragen hatte, um auf der Flasche keine Fingerabdrücke zu hinterlassen. Selbst die Stelle, an der er aus dem Auto ausgestiegen war, auf den Hof rannte und den Molotowcocktail geworfen hatte, konnte er beschreiben. Und letztlich erinnerte er sich daran, dass er noch einmal mit seinem Hund vor die Tür ging, als er spät in der Nacht nach Hause kam. Seine gesamte Schilderung lässt für mich nur einen Schluss zu: Robert Mühlhaus hatte sicher sehr viel Alkohol getrunken. Seine Steuerungsfähigkeit war aber keineswegs eingeschränkt. Er hätte sich durchaus dagegen entscheiden können, den Molotowcocktail in die Wohnung zu werfen.«

Der Anwalt von Robert Mühlhaus war nach dieser Ausführung sichtlich empört. »Diese Tat hätte mein Mandant ohne Alkohol nie begangen. Das sieht nicht nur er so, sondern auch ich. Die Hemmschwelle war durch die hohe Promillezahl stark abgesenkt!«

»Alkohol kann die Hemmschwelle tatsächlich absenken«, erläuterte Dr. Kopf, »aber bei dem Angeklagten war sie nicht so stark eingeschränkt, dass man von einer verminderten Schuldfähigkeit reden könnte. Er wird sich für das rechtfertigen müssen, was er getan hat. Das ist meine Einschätzung nach der Untersuchung. Die abschließende Entscheidung darüber überlasse ich natürlich dem Gericht.«

Nach einer kurzen Pause verlas Dr. Kopf das Gutachten zu Matthias Schmitt.

In diesem Gutachten kam er zu der Einschätzung, dass die Persönlichkeit von Matthias Schmitt schwach ausgeprägt sei und es deutliche Anzeichen einer Alkoholabhängigkeit gebe. Er habe nach eigenem Bekunden täglich getrunken, und das schon über mehrere Jahre hinweg. Sein Alkoholkonsum sei während der Arbeitslosigkeit noch gestiegen. Letztlich sei auch die Beziehung zu der Mutter seines Sohnes am Alkohol gescheitert.

In der Freundschaftsbeziehung zu Robert Mühlhaus sei er der Unterlegene, Mühlhaus dagegen die dominierende Persönlichkeit, der Schmitt nicht gewachsen war. So habe Matthias Schmitt in jener Nacht zwar das Unrecht erkannt, sei aber nicht dazu in der Lage gewesen, sich gegen Herrn Mühlhaus durchzusetzen und die Tat abzuwehren. Bei Herrn Schmitt liege nach Dr. Kopfs Einschätzung auf der Grundlage der Untersuchung eine eingeschränkte Steuerungsfähigkeit vor. Das Gericht müsse beurteilen, ob und welche Folgen dies für ein Strafmaß habe. Weiterhin schlug er vor, Herrn Schmitt einer Entziehungsklinik zu überstellen. Sein Alkoholproblem müsse grundlegend behoben werden, ansonsten laufe er Gefahr, später wieder straffällig zu werden.

»Raten Sie, Herrn Schmitt unmittelbar in eine Entzugsklinik einzuweisen?«, fragte Matzes Anwalt.

»Ich denke, je früher ihm diese Möglichkeit eingeräumt wird, umso besser ist dies für seine zukünftige Entwicklung«, erläuterte Dr. Kopf. »Ein Entzug sollte immer medizinisch und therapeutisch begleitet werden, wenn er erfolgreich sein soll. Deswegen geht mein Vorschlag dahin, ihm schnell diese Chance zu geben.«

Für den nächsten Verhandlungstag kündigte der Richter die Plädoyers an.

4. Tag

Dieser Verhandlungstag stand ganz im Zeichen der Plädoyers von Staatsanwaltschaft und Verteidigung.

Die Staatsanwaltschaft war in ihrer Formulierung sehr deutlich. Sie forderte hohe Haftstrafen für die drei Angeklagten mit folgender Begründung:

»Die Angeklagten wussten, was sie taten. Mit der Absicht, ihn auch einzusetzen, bauten sie den Molotowcocktail und fuhren zu dem Asylbewerberheim nach P. Sie wussten, wer in diesem Haus wohnte. Besonders der Angeklagte Matthias Schmitt, der im gleichen Ort seinen Wohnsitz hat. Und, das geht aus den Aussagen deutlich hervor, sie wollten gezielt Bewohner des Hauses treffen, deshalb beschrieb Herr Schmitt dem Angeklagten Mühlhaus genau, hinter welchem Fenster welche Menschen lebten. Auch Herr Mühlhaus wollte ›Neger brennen sehen‹.

Die Angeklagten haben mit Vorsatz und aus rassistischen Motiven heraus gehandelt. Es waren keine Spielereien oder Experimente mit rassistischem oder nationalsozialistischem Gedankengut, wie sie uns glauben machen wollten. Diese Einstellungen sind tief in ihnen verwurzelt. Dies geht eindeutig aus dem Sprachgebrauch hervor.«

Auch die Tatzeit spreche gegen sie. Heimtücke sei es gewesen, als sie zu einem Zeitpunkt, da alle Hausbewohner schliefen, die Tat ausübten. Die Tatwaffe spreche für eine Mordabsicht. Hätte der Sohn der Familie, wie sonst üblich, in diesem Raum geschlafen, hätten sie die Mordabsicht tatsächlich vollzogen.

»Zusammenfassend stelle ich für die drei Angeklagten ihre Schuldfähigkeit fest und fordere für Robert Mühlhaus 8 Jahre Haft, für Matthias Schmitt 7 Jahre Haft und für Beate Burg 4 Jahre Haft«, beendete der Staatsanwalt sein Plädoyer.

Mit großen Augen, aber regungslosen Minen verfolgten die Angeklagten die Ausführungen des Staatsanwalts. Einzig Beate Burg reagierte, als ihr gefordertes Strafmaß verlesen wurde. Entsetzt riss sie den Mund auf.

Was hatte sie erwartet? Was hatten auch die beiden anderen Angeklagten erwartet? Hatten die Verteidiger sie vorbereitet? Hatten sie schon angedeutet, was auf sie zukommen könnte? Oder hatten die Verteidiger beschwichtigt, dies seien allenfalls Forderungen, aber noch keine Schuldsprüche.

Nach der Staatsanwaltschaft kamen die Verteidiger zu Wort. Die Inhalte ihrer Plädoyers waren mit den Angeklagten in ihrer Tendenz besprochen. Darüber hinaus auch ihre persönlichen Stellungnahmen, in denen sie noch einmal die Gelegenheit hatten, sich zu den Vorwürfen zu äußern, bevor das Urteil verkündet wurde.

Warum verübten die drei Angeklagten den Anschlag auf das Flüchtlingsheim? Dieser Frage gingen ihre Anwälte in den Plädoyers nach.

Die Hauptverhandlung habe gezeigt, dass Robert Mühlhaus diese Tat ohne Alkoholkonsum nie begangen hätte. »Er wäre nicht einmal auf diese Idee gekommen«, formulierte der Anwalt. »Sie hatten sich einfach so richtig die Kanne gegeben, wie man in manchen Kreisen sagt.« Bestätigung suchend blickte er in die Runde. »Es war nicht die Gesinnung«, führte er weiter aus, »Robert Mühlhaus ist kein Rassist, wie die Staatsanwaltschaft das meinte feststellen zu müssen. Das, was über ihn im Laufe des Prozesses an vermeintlich rechtsextremen Aktivitäten bekannt wurde, waren mehr gedankliche Experimente, sich mit einer Situation auseinanderzusetzen, für die er einfache Antworten gesucht hat. Feststellen möchte ich auch, dass in der Tat keine Tötungsabsicht lag. Sie waren sturzbesoffen und nicht mehr Herr ihrer Sinne. Ihre Steuerungsfähigkeit war nicht, wie der Herr Gutachter es festzustellen meinte, voll ausgeprägt, nein, gerade bei Herrn Mühlhaus ist festzuhalten, dass er nach Alkoholkonsum zu Dingen in der Lage ist, die er im nüchternen Zustand bereut. Trotz allem muss festgehalten werden, dass es sich hier um ein Vergehen handelt, bei dem Herr Mühlhaus nicht nur sich und seinen Angehörigen geschadet hat, sondern in erster Linie den betroffenen Menschen in dem Asylbewerberheim.«

Um dem Angeklagten die Schwere seiner Tat vor Augen zu halten, forderte er eine Haftstrafe von maximal vier Jahren.

Auch der Anwalt von Matthias Schmitt sah im Alkoholkonsum die Ursache für die Tat. Sein Mandant sei, wie sich im Laufe der Verhandlung, besonders aber durch das Gutachten, gezeigt habe, alkoholabhängig und daher nur beschränkt steuerungsfähig. Durch die wenig ausgeprägte Persönlichkeit, das mangelnde Selbstbewusstsein, habe er in der Tatnacht keine Möglichkeit gehabt, auf seinen Freund Robert Mühlhaus in der Form einzuwirken, dass er diese Tat nicht verübt. Robert Mühlhaus sei in dieser Freundschaftsbeziehung die dominierende Persönlichkeit.

Der Anwalt forderte, von einem Strafmaß für seinen Mandanten abzusehen und ihn in eine Entzugsklinik zu überweisen.

Der Anwalt von Beate Burg forderte eine faire Bestrafung für seine Mandantin. Die zweifache Mutter sei von Anfang an geständig gewesen und ihr sei auch der schnelle Erfolg zur Klärung der Tat zu verdanken, da sie bereits in ihrem ersten Verhör die Namen der Mittäter preisgab. Eine aktive Mittäterschaft könne in ihrem Fall ausgeschlossen werden, da sie weder die Idee zum Bau des Brandsatzes noch sich an seiner Herstellung beteiligt habe.

Daher solle man ihre Tat allenfalls als Beihilfe zur Brandstiftung werten. Ein Strafmaß wolle er nicht vorschlagen. Das Gericht möge bedenken, dass es sich um eine zweifache Mutter handele.

Die Anwälte der Nebenkläger sahen das anders. Für sie stand fest, dass die Tat mit einer Tötungsabsicht geschah. Die Hinweise, die Einblicke in die Gedankenwelt der Angeklagten ließen keine anderen Rückschlüsse zu als eine rassistisch motivierte Gewalttat, bei der sie den Tod von Menschen in Kauf nahmen.

Die Mitangeklagte Beate Burg sei auch nicht wegen Beihilfe zu dieser Straftat zu verurteilen, sie habe schließlich einen aktiven Beitrag zu der Tat geleistet und sie später, in der SMS an ihre Mutter, noch gerechtfertigt. Von einem Strafmaß nahmen die Anwälte Abstand. Die Festlegung darüber überließen sie dem Gericht. Allein für Matthias Schmitt könnten sie sich der Forderung seines Anwaltes anschließen.

Nach diesen Ausführungen wurde den Angeklagten die Möglichkeit eingeräumt, sich ein letztes Mal vor der Urteilsverkündung zu äußern.

Robert Mühlhaus hatte sich offenbar auf diesen Moment vorbereitet. Aus seiner Hosentasche zog er einen Zettel und bat darum, seine Erklärung vorlesen zu dürfen, da er zu aufgeregt sei.

»Ich habe eine schlimme Tat begangen«, begann er mit brüchiger Stimme, »ich möchte mich dafür bei allen entschuldigen. Oft genug wurde es schon gesagt, aber ich wiederhole es noch einmal: Der Alkohol war die Ursache. Ich bin kein Rassist, wie man nach der Verhandlung vermuten könnte. Menschen mit Migrationshintergrund zähle ich zu meinen besten Freunden.«

Auch Matthias Schmitt nutzte die Gelegenheit für ein abschließendes Wort.

»Es tut mir leid«, brachte er gerade noch heraus, bevor er anfing zu weinen.

»Ich möchte am liebsten alles rückgängig machen«, sagte Beate Burg als Letzte und beugte sich nach vorne auf den Tisch.

Das Urteil

Die Spannung im Gerichtssaal war mit den Händen greifbar. Nicht nur die Journalisten und Anwälte schauten abwechselnd alle paar Sekunden zur Uhr und dann wieder zur Tür. Jeden Moment konnte sie sich öffnen und der Richter samt Beisitzern den Raum betreten. Auch die Menschen in den Zuschauerreihen warteten ungeduldig. Besonders den Angehörigen der Angeklagten war die Anspannung anzumerken. In den zurückliegenden Verhandlungstagen redeten sie pausenlos bis zum Prozessbeginn, nun, vor der Urteilsverkündung, saßen sie schweigend da und schauten nach vorne.

Kreidebleich und fassungslos saßen die drei Angeklagten auf ihren Plätzen. Was war ihren Gesichtern abzulesen? Ungewissheit? Angst? Auf jeden Fall Nervosität. Beate Burg kaute an ihren Fingernägeln, Matthias Schmitt biss sich auf die Lippen, nur Robert Mühlhaus zeigte äußerlich keine Regung. War ihm alles egal? Sollte einfach alles nur vorbei sein? Oder rechnete er mit dem Schlimmsten und versuchte, Haltung zu bewahren? Wenn man sein Gesicht genau beobachtete, konnte man allerdings leichte Zuckungen im rechten Mundwinkel erkennen. Die waren neu. Also doch aufgeregt?

In wenigen Minuten würde über sie das Urteil gesprochen werden. Womit rechneten sie? Hatten sie die Hoffnung, dass die Argumente ihrer Anwälte das Gericht überzeugt hatten? Oder befürchteten sie, man werde eher den Überlegungen und Entscheidungen der Staatsanwaltschaft folgen? Gab es noch eine dritte Möglichkeit? Kompromisse? Ein Urteil in der Mitte von Verteidigung und Staatsanwaltschaft?

Nur eines war ihnen klar: Niemand würde das Gericht als freier Mensch verlassen.

Der Richter zog es vor, die letzte halbe Stunde vor der Urteilsverkündung sich noch einmal allein in sein Büro zurückzuziehen. Das hatte er sich im Laufe seines Berufslebens angewöhnt. Gerade in wichtigen Prozessen – und dieser gehörte ohne Zweifel dazu – ging er in seinem Büro die Urteilsbegründungen noch einmal Punkt für Punkt durch. Nicht Unsicherheit verleitete ihn dazu, im Gegenteil. Wenn er mit seinen Beisitzern den gesamten Prozess durchgesprochen, sie zu einem Ergebnis, einem Urteil, gekommen waren, dann rüttelte er daran nicht mehr herum.

Er nutzte diese Zeit aber auch dazu, um sich weitergehende Gedanken zu machen. Dass nach dem Ende eines solchen Verfahrens ein Freiheitsentzug für die Angeklagten stehen würde, stand für ihn außer Frage. Aber wie konnte es zu einem solchen Verbrechen kommen?

Er las sich noch einmal die WhatsApp-Mitteilungen durch, in denen der Nationalsozialismus verherrlicht wurde. Sicher waren es nicht nur diese drei Angeklagten, die so dachten, sondern noch viele andere Menschen mit gleicher oder ähnlicher Gesinnung. Wer hatte da versagt?

Das war für ihn immer die zentrale Frage nach den Verhandlungen. Haben hier, in diesem Fall, bei diesen drei Angeklagten, die Familien versagt? Haben die Eltern die Anzeichen einer Entwicklung in die rechte Szene nicht gesehen oder nicht erkannt? Oder waren es andere Gründe, Gründe die in der Erziehung lagen? Hatten sie ein ausreichendes Maß an Zuwendung und Anerkennung? Fragen, die er in seiner Funktion als Richter nicht beantworten konnte.

Wie sieht es mit der Schule aus? Sie ist doch der Ort, an dem alle versammelt sind. Hat sie neben ihrem Bildungsauftrag auch ihren Erziehungsauftrag ausreichend wahrgenommen? Auch an diese Institution verwendete er seine Gedanken. Die Aufarbeitung der nationalsozialistischen Vergangenheit gehörte an die Schule. Doch genügte es, wie er bei seinen eigenen Kindern mit Entsetzen feststellte, dass sie am Ende einer Lernepoche Fakten und Jahreszahlen aufzählen konnten? In dieser Zeit lebten Menschen, Menschen, die unter den Nazis gelitten hatten, millionenfach ermordet, wenn er an die Konzentrationslager dachte. »Das Beispiel einzelner Menschen«, überlegte er, »kann manchmal mehr über seine Zeit aussagen als ein ganzes Geschichtsbuch.« Das werde nach seinen Beobachtungen zu wenig vermittelt. Schulen zum Beispiel nutzten die Chancen nicht, Zeitzeugen, solange sie noch leben, in die Klassen einzuladen. Auch heute könnten die Menschen, die hier Schutz suchten, zu wichtigen Zeugen ihrer Zeit werden. Man müsse ihnen einfach nur zuhören und sie nicht verunglimpfen, bevor sie richtig angekommen seien.

Und dann waren da auch noch die sozialen Netzwerke. Intensiv hatte er sich nie damit beschäftigt. Im Laufe dieses Prozesses musste er es. Er war entsetzt. Mit welcher Offenheit hier Hass verkündet wurde, war nicht zu übersehen. Ganz offenbar war auch die Hemmschwelle gesunken, die Sprache der Nationalsozialisten zu verwenden.

Ist das die Methode rechter Gruppierungen, Sprache über den eigenen Kreis hinaus zu beeinflussen? Findet die Sprache der Gewalt langsam Einzug in unseren Alltag?

Nein, da war er sicher nach allem, was er gelesen und gehört hatte. Die Hetzsprache sei schon in weiten Kreisen verbreitet, auch dort, wo man sie nicht vermute. Das Beispiel von der »Flüchtlingswelle« fiel ihm ein. Auch er hatte das Wort aus dem Munde eines Politikers gehört. Wurden diese Menschen gleichgesetzt mit einer nicht abwendbaren Flutwelle, die ganze Landstriche überschwemmte, Menschen unter sich begrub und für lange Zeit unfruchtbar machte? War es dann nicht vorhersehbar, dass Worten einmal auch Taten folgen würden? Da war er sicher. Ganz sicher! Er musste sich nur die Vielzahl der Anschläge der vergangenen Monate vor Augen führen. Das war kein

Anfang mehr von etwas, was sie nach dem Untergang des National-sozialismus hinter sich glaubten, das war ein Wiederaufleben dieses Gedankengutes.

Der Gerichtsdiener unterbrach ihn in seinen Gedanken. Es sei an der Zeit, meinte er.

Kurz nach zehn Uhr öffnete sich die Tür und der Richter und seine Beisitzer betraten den Raum. Ruhigen Schrittes ging er zum Richter-pult, wartete einen Augenblick, bis auch die Beisitzer an ihren Plätzen waren, und begann ohne Umschweife:

»Im Namen des Volkes ergeht folgendes Urteil …«

Gespannte Ruhe im Gerichtssaal.

»Das Gericht hat die drei Angeklagten für schuldig befunden, in jener Nacht im August einen Brandsatz auf die bewohnte Flüchtlings-unterkunft in P. geworfen zu haben. Auslöser für ihre Tat war nicht überhöhter Alkoholkonsum, die drei Angeklagten wussten, was sie taten. Sie handelten aus nationalsozialistischem Fremden- und Ras-senhass. Über einen langen Zeitraum haben sie dieses Gedankengut idealisiert.«

Nicht nur die Verwendung verbotener Zeichen und Symbole sei ein eindeutiges Indiz dafür, sondern gerade auch die gutgeheißene Bewer-tung der Massenvernichtung unter Adolf Hitler.

»Mit ihrer Tat haben sie billigend in Kauf genommen«, fuhr der Richter fort, »dass Menschen, die aus ihren Heimatländern flüchten mussten, zu Tode kommen konnten. Der pure Zufall wollte es, dass dies nicht geschah.«

Der Richter scheute auch keine direkten Vergleiche mit national-sozialistischen Verbrechen. Mit ihrer Tat reihten sich die Angeklagten ein in die organisierten Schlägertrupps der SA, die am 9. November 1938 jüdische Häuser und Synagogen in Brand steckten. Ihre Tat sei nichts anderes als rechtsextremistischer Terror.

»Wir müssen heute zu einem Urteil kommen, mit dem wir ein

Zeichen setzen, dass die Menschen, die aus ihren Heimatländern vor Krieg und Terror geflüchtet sind, hier nicht noch einmal mit den Verbrechen in ihren Heimatländern eingeholt werden, sondern hier, in unserem freien Rechtsstaat, sicher sind. Das sind wir diesen Menschen schuldig, wenn wir uns die wahren Hintergründe ihrer Flucht vor Augen halten. Wir sind es aber auch uns selbst schuldig, wenn wir diesen Rechtsstaat erhalten wollen. Fremden- und Rassenhass dürfen nicht noch einmal Oberhand gewinnen. Dazu soll dieses Urteil beitragen, aber dazu müssen wir auch alle etwas beitragen. Denn dieses Urteil wird gesprochen im Namen des Volkes, also im Namen aller. Menschen, die hier Zuflucht gesucht haben, sie gehören zu unserem Volk dazu. Wir müssen aber auch an jene denken, die auf die großen Herausforderungen unserer Zeit nach einfachen Lösungen suchen. Diese einfachen Lösungen gibt es in einer immer komplizierter werdenden Welt nicht, auch wenn gewisse Kreise uns das einreden wollen. Im Bewusstsein dessen müssen wir die Ängste und Sorgen der Menschen ernst nehmen und dafür brauchen wir Aufklärung, Bildung und vor allem Geduld. Etwas, was sich über Jahre hin entwickelt hat, lässt sich nicht von heute auf morgen umkehren. Aber wir sollten besser heute als morgen damit beginnen.

Der Prozess hat eines ganz deutlich gemacht: Die nationalsozialistische Vergangenheit ist in den Köpfen vieler Menschen Gegenwart. Was ist zu tun? Das Gericht kann nur Recht sprechen. Dies ist aber ein wichtiger Baustein in unserer demokratischen Ordnung.

Nach intensiven Beratungen kam das Gericht zu dem Schluss, dass die Verurteilung der Angeklagten wegen zu hohem Alkoholgenuss nicht infrage kommt. Es war die politische Einstellung, die für die Tat maßgeblich war.

Ihnen, Frau Burg, werfen wir auch nicht Beihilfe zu einer Straftat vor, wie ihr Verteidiger es gefordert hatte, Sie haben sie aktiv unterstützt. Zusätzlich haben Sie sich durch Ihre SMS an Ihre Mutter eindeutig positioniert. Es schade ja nichts, haben Sie geschrieben, es habe ja sicher die Richtigen getroffen. Welch Geistes Kind Sie sind, haben Sie auch dadurch gezeigt, welches Vokabular Sie Ihren Kindern vermitteln. Außerdem sollten Sie mit Ihrem Bildungsstand wissen, was passiert, wenn man eine Flasche mit Benzin in ein Haus wirft.

Herr Schmitt wird nach einem Teil seiner Haftverbüßung in einer Entziehungsanstalt untergebracht.

Folgendes Strafmaß wird hiermit für die Angeklagten verkündet:

Robert Mühlhaus:	8 Jahre, 4 Monate
Matthias Schmitt:	7 Jahre
Beate Burg:	4 Jahre, 6 Monate.

Die Sitzung ist geschlossen.«

Epilog

Die Bewohner der Flüchtlingsunterkunft in P., die während des Anschlages dort lebten, sind in den Monaten danach ausgezogen. Nicht nur aus Angst, so etwas könne sich wiederholen, sie suchten auch einen Neustart. In Städten in der Umgebung haben sie neue Wohnungen gefunden, ihre Kinder gehen dort zur Schule, haben neue Freunde. Das Haus in P. wurde von der Gemeinde renoviert und inzwischen leben neue Geflüchtete dort. Nach dem Anschlag gab es eine große Welle der Solidarität, die auch nach Monaten nicht abgeebbt ist.

Herr und Frau Karam haben in ihrem neuem Ort Deutsch- und Integrationskurse belegt. Sobald sie diese erfolgreich abgeschlossen haben, werden sie ein Praktikum in einer Klinik ableisten können. Sie wollen zurück in ihren Beruf. Ob sie noch Angst um ihre Kinder haben? Die Kinder hätten keine Angst mehr, das sei ihnen wichtiger.

Auch Herr Khosa strebt eine Rückkehr in seinen Beruf als Anwalt an. Er hat erste Kontakte zu Nichtregierungsorganisationen aufgenommen, um auszuloten, ob es dort für ihn Perspektiven gibt. Er weiß aber auch, dass er noch Geduld haben muss, bis der Asylantrag entschieden ist. Mit großer Freude beobachtet er jeden Tag seine Kinder, wie sie hier aufblühen, die Sprache schnell gelernt haben und in der Schule gute Leistungen erbringen. Mehr als vor dem Anschlag achten die Eltern Khosa und Karam darauf, dass ihre Kinder immer rechtzeitig zu Hause sind. Ja, die Angst sitze ihnen noch im Nacken. Sie ist noch alltägliche Gegenwart.

Frozan und ihre Schwester gehen jeden Tag mit Begeisterung zur Schule, freuen sich über jedes neue Wort, das sie lernen. Sie haben ein klares Ziel vor Augen: Sie wollen Abitur machen, studieren und in dem gewählten Beruf sich für ihr Heimatland Afghanistan engagieren. Angst vor einem neuerlichen Anschlag hat Frozan nicht. Dafür macht sie öfter die Erfahrung, dass sie angepöbelt wird, weil sie ein Kopftuch trägt. Doch sie ist selbstbewusst genug, um diese Anfeindungen entweder zu ignorieren oder sich mit Argumenten zur Wehr zu setzen.

Mathuk lernt die neue Sprache nicht so schnell wie die anderen Hausbewohner. Dafür ist er zu oft allein, grübelt darüber nach, wie es wohl seinen Eltern geht. Denn der Kontakt nach Somalia ist oft schwierig. Vor einiger Zeit hat der Fußballverein seines neuen Heimatortes ihn angesprochen und eingeladen, doch mal zum Training zu kommen. Auf diese Stunden freut er sich jedes Mal. Dort kann er abschalten, vergessen, sich nur auf das Spiel konzentrieren.

Einzig Mary, die es bei dem Brandanschlag am schwersten getroffen hat, leidet sichtlich noch unter den Folgen. Jede Nacht um zwei Uhr schreckt sie auf. Dann braucht sie einige Minuten, um zu realisieren, dass sie wieder geträumt hat. Doch auch den Tod ihres Mannes hat sie noch nicht überwunden. Es gibt Tage, an denen sie stundenlang weint.

Manchmal, wenn sie sieht, wie ihre Kinder sich hier in der neuen Umgebung wohlfühlen, huscht ein zartes Lächeln über ihre Lippen.

Robert Mühlhaus, Matthias Schmitt und Beate Burg sitzen in verschiedenen Gefängnissen ihre Strafe ab. Mit einem Urteil, das über den Forderungen der Staatsanwaltschaft lag, hatten sie nicht gerechnet.

In der Öffentlichkeit wurde das Urteil unterschiedlich aufgenommen. Während es in weiten Teilen der Presse als ein deutliches Signal gegen Fremdenfeindlichkeit gewertet wurde, gab es innerhalb der Bevölkerung der Wohnorte der drei Täter bedauernde Bekundungen. Es seien im Grunde doch ganz anständige Leute. Nett, hilfsbereit, zur Stelle, wenn man sie brauche.

Nachwort

Wenn man die Nachrichten und Meldungen der letzten Monate zum Thema »Geflüchtete« verfolgt hat, kann man schnell das Gefühl bekommen, besonders viele Menschen suchten in Europa Zuflucht. Bilder von Zehntausenden, zu Fuß unterwegs, in Bussen, in Zügen. Ihr Ziel: eines der Mitgliedsländer der Europäischen Union. Dann überfüllte Turnhallen, die kurzfristig zu Aufnahmelagern umfunktioniert wurden. Ganze Zeltstädte als Notunterkünfte.

Wie sieht die Realität aus? Ist es wirklich der größte Teil der weltweit Geflüchteten, die nach Europa streben?

Der Flüchtlingskommissar der UNO hat in seinem Jahresbericht festgestellt, dass im Jahr 2015 insgesamt 65,3 Millionen Menschen weltweit auf der Flucht waren. Die höchste Zahl, die jemals erreicht wurde. Rechnet man das auf die Tage eines Jahres um, so machten sich täglich 34.000 Menschen auf die Flucht. Gut die Hälfte von ihnen waren Kinder.

Von dieser großen Zahl der Geflüchteten, hinter der der einzelne Mensch schnell verschwindet, erreicht nur ein geringer Teil die Europäische Union, nämlich 14 Prozent. Der Weg nach Europa ist für die meisten Geflüchteten entweder zu schwierig oder zu anstrengend, vor allem aber ist er zu teuer. Sie können sich weder einen Flug noch eine Überfahrt mit einem Schiff oder einem anderen Transportmittel nach Europa leisten.

Die meisten Geflüchteten befinden sich entweder in anderen Regionen ihrer Heimatländer oder in Flüchtlingscamps in den umliegenden Nachbarländern. Diese nehmen, obwohl sie in der Regel sehr arm sind, mehr Geflüchtete auf als Länder in der Europäischen Union. So gibt es Länder wie Somalia oder den Sudan, aus denen mehr als zwei Million Menschen geflüchtet sind und in Nachbarländern wie Äthiopien, Kenia oder dem Tschad, in denen die Versorgung der einheimischen Bevölkerung ohnehin schon knapp ist, aufgenommen wurden.

Warum flüchten Menschen?

Kein Mensch verlässt freiwillig seine Heimat. Die Ursachen, die Menschen dazu bringen, alles aufzugeben, was sie noch haben, sind vielfältig.

Krieg als Fluchtursache

Krieg ist eine der zentralen Ursachen. Menschen, die in Kriegsgebieten leben, sehen sich gezwungen, ihr Zuhause zu verlassen, und suchen Zuflucht in entweder weniger umkämpften Gebieten ihres Heimatlandes, oder sie fliehen über die Grenze ins Nachbarland.

Kriege bedrohen nicht nur das Leben der Menschen, insbesondere das der Zivilbevölkerung, Kriege zerstören ihren Lebensraum und ihre Lebensgrundlagen. Das führt zu Armut und Hunger.

Beispiel Syrien: In diesem Land herrscht seit 2011 Krieg. Mehr als die Hälfte der Bevölkerung, über 11 Millionen Menschen, sind auf der Flucht. Die meisten von ihnen sind sogenannte Binnenflüchtlinge, das heißt, sie haben im eigenen Land Zuflucht gefunden. Sie ziehen umher von einem Stadtteil in den nächsten oder fernab aufs Land und suchen Unterschlupf bei Verwandten. Dadurch, dass sie ihre Heimat verlassen mussten, wurde ihnen auch ihre Lebensgrundlage, eine Erwerbstätigkeit, entzogen.

Andere haben ihr Leben in Nachbarländern wie dem Libanon, der Türkei oder Jordanien gerettet.

Seit dem Ausbruch des Krieges haben etwas mehr als 500.000 Syrer in Europa einen Asylantrag gestellt, 260.000 von ihnen in Deutschland. Das sind etwa 2,2 Prozent aller Geflüchteten aus Syrien.

Waffenexporte als Fluchtursache

Jeder Krieg braucht seine Waffen. Das ist eine simple Erkenntnis.

Trotzdem werden sowohl von europäischen als auch amerikanischen und asiatischen Ländern Waffen in Kriegs- und Krisengebiete exportiert.

Waffenverkauf als Befriedigung der Profitgier? Waffen ermöglichen Kriege. Kriege führen dazu, dass Menschen flüchten. Gerade auch in die Länder, die ihre Waffen in die Heimatländer der Geflüchteten exportiert haben. Die westlichen Industrieländer handeln hier nach dem Motto: Waffenexport JA/Flüchtlingsaufnahme NEIN.

Unterdrückung und Verfolgung als Fluchtursache

Neben Krieg gibt es in vielen Ländern lebensbedrohliche Situationen für Menschen, die sie zur Flucht veranlassen. Sie werden wegen ihrer Religion, ihrer politischen Gesinnung, ihrer ethnischen Herkunft oder ihrer sexuellen Neigung verfolgt und mit dem Tode bedroht. Weltweit gibt es zehn Länder, in denen auf Homosexualität die Todesstrafe steht, in einer Vielzahl von Ländern drohen ihnen jahrelange Haftstrafen. In Pakistan werden religiöse Minderheiten verfolgt und ermordet. In Serbien und Mazedonien sind es besonders die Roma, die systematisch ausgegrenzt werden. Kinder haben keinen ihren Fähigkeiten entsprechenden Zugang zu Bildungs- oder Ausbildungsangeboten. Auch der Arbeitsmarkt und damit die Sicherung der Lebensgrundlage ist den Menschen weitgehend verschlossen.

Beispiel Eritrea: In diesem Land herrscht eine der furchtbarsten Diktaturen der Welt.

Die drittgrößte Gruppe der Menschen, die über das Mittelmeer nach Europa fliehen, kommt aus diesem Land. Willkürliche Verhaftungen, Folter und Misshandlungen stehen dort auf der Tagesordnung. Menschen befinden sich ohne Anklage und Urteil in Haft, viele sterben.

Ein weiterer wesentlicher Grund für die Flucht ist der unbefristete Wehrdienst für alle, der mehr einer staatlichen Zwangsarbeit als einer militärischen Ausbildung gleichkommt. Menschen, die bei der Flucht erwischt werden, werden entweder erschossen, oder sie werden in inoffiziellen Gefängnissen eingesperrt. Diese Gefängnisse sind unterirdische Container.

Klimawandel als Fluchtursache

Der Weltklimarat sieht eine zunehmende Bedrohung der menschlichen Sicherheit durch den fortschreitenden Klimawandel. Steigende Meeresspiegel und ihre Folgen – Engpässe in der Frisch- und Trinkwasserversorgung, das Versalzen von Böden, Dürren durch Wasserknappheit und der Verlust von fruchtbarem Land, der Existenzgrundlage – seien verantwortlich dafür, dass Menschen sich neue Lebensräume suchten. Gerade die ärmsten Länder wie Mauretanien werde es in Zukunft noch härter treffen, wenn nicht schnell Maßnahmen eingeleitet würden.

Der Deutsche Gewerkschaftsbund macht darauf aufmerksam, dass die Zahl der Flüchtlinge, bedingt durch den Klimawandel, steigen wird. Die Lebensgrundlage von Millionen von Flüchtlingen sei bedroht. Der Klimawandel könne zur Fluchtursache Nummer 1 werden.

Zu einer ähnlichen Einschätzung kommt auch die Weltbank.

Verantwortung für den Klimawandel tragen insbesondere die westlichen Industriestaaten und China mit dem Ausstoß an CO_2. Auch die Abholzung riesiger Flächen von Regenwäldern, um dort zum Beispiel Soja anzubauen, das als Tierfutter verwendet wird, trägt wesentlich dazu bei.

Armut und Ausbeutung als Fluchtursache

»Wirtschaftsflüchtlinge« ist ein in der öffentlichen Diskussion häufig gebrauchter Begriff für Menschen, denen als Fluchtgrund unterstellt wird, am Wohlstand der westlichen Welt teilhaben zu wollen.

Doch ist das der wahre Grund?

Die Europäische Union und deren Mitgliedsstaaten sind mitverantwortlich für das Elend in vielen afrikanischen Staaten. Zwischen europäischen und afrikanischen Ländern wurden Handelsabkommen geschlossen, die für beide Seiten Vorteile bringen sollten.

Beispiel: In der Europäischen Union gibt es, gefördert von deren Institutionen, eine Überproduktion an Hühnerfleisch. Nach den abgeschlossenen Verträgen mit den afrikanischen Ländern wird der europäische Überschuss nach Afrika exportiert und auf dem dortigen Markt billiger verkauft als das einheimische Geflügel – eben wegen der EU-Förderung. Den afrikanischen Farmern ist es nicht möglich, das Hühnerfleisch genauso günstig zu produzieren. Folge davon ist, dass massenhaft Geflügelfarmen in Afrika schließen müssen. Die ehemaligen Betreiber geraten in Not und Armut und suchen sich in anderen Regionen oder Ländern neue Existenzgrundlagen.

Oder: Wir essen hier in Deutschland gerne Schokolade. Von der Werbung lassen wir uns die tollsten Variationen empfehlen. Und das alles zu besonders günstigen Preisen.

Nur: Der Rohstoff für Schokolade, die Kakaobohne, kommt nicht aus unseren westlichen Ländern, er stammt überwiegend aus Westafrika. Kinder sind es oft, die für wenig oder kein Geld, sondern gegen Unterkunft und spärliche Verpflegung, die Kakaobohnen für die Plantagenbesitzer ernten, die von dort über Zwischenhändler auf den europäischen oder amerikanischen Markt gelangen.

Würden die Kakaobohnenpflücker in ihren Ländern so entlohnt, dass sie von ihrer Arbeit leben könnten, würde die Schokolade bei uns etwa das Dreifache kosten.

Mit fair gehandelter Schokolade würde aber ein wichtiger Beitrag gegen die Verarmung ganzer Länder in Westafrika geleistet werden, weniger Menschen müssten sich in anderen Ländern eine neue Existenzgrundlage suchen.

Dies ist nur ein kleiner Einblick in die Vielzahl der Gründe, warum Menschen ihre Heimat verlassen. Viele von ihnen möchten, wenn sich die Lage in ihrem Land wieder normalisiert hat, das heißt, der Krieg beendet wurde, Menschenrechte nicht mehr verletzt werden, Lebensgrundlagen wieder sicher sind, in ihre Heimat zurückkehren.

* * *

Manchmal genügt ein für den ersten Moment scheinbar nebensächlicher Hinweis, um ein komplexes Phänomen zu erklären.

Bei meinen Recherchen zu diesem Buch bin ich auf Beratungsstellen für Eltern getroffen, deren Kinder in die rechte Szene abgedriftet sind. Aufgabe dieser Stellen ist es, Eltern beratend zu unterstützen, wie sie ihr Kind zurückgewinnen können. Auch Schulen können sich an die Beratungsstellen wenden.

Bis auf bundesweit wenige Beispiele wird dieses Angebot von Eltern kaum noch wahrgenommen. Der nachlassende Zuspruch kollidiert mit dem Anwachsen rechtspopulistischer Organisationen und Parteien sowie ganz offensichtlich der Tatsache, dass in den sozialen Netzwerken Angst, Hass und Gewalt gerade gegen Minderheiten wie Geflüchtete, Behinderte oder Obdachlose geschürt werden.

Werden Hass und Gewalt dadurch gesellschaftsfähig?

Die Zahl der in Deutschland begangenen rechtsextremen Straf- und Gewalttaten ist im Jahr 2015 laut Auskunft des Bundesinnenministeriums auf knapp 14.000 gestiegen. Das ist eine Erhöhung gegenüber dem Vorjahr um 30 Prozent.

Nach Recherchen von ZEIT ONLINE waren davon 222 Anschläge auf Flüchtlingsunterkünfte. Zum Teil waren sie schon bewohnt, zum Teil wurden die Gebäude von Städten und Gemeinden zur Verfügung gestellt und sollten in absehbarer Zeit bezogen werden. Die wenigsten dieser Anschläge wurden aufgeklärt. In 169 Fällen gab es keinen Ermittlungserfolg, in 41 Fällen wurden Tatverdächtige ermittelt, in acht Fällen wurde Anklage erhoben und lediglich in vier Fällen Urteile gesprochen.

Zweifellos gibt es in Teilen der Gesellschaft Ängste vor Bedrohungen wie zum Beispiel vor sozialem Abstieg, vor Altersarmut, vor mangelnden Bildungsmöglichkeiten für die Kinder oder Ähnliches.

Aber sind die Geflüchteten Ursache für diese Ängste? Oder wird hier einfach eine Gruppe als Sündenbock genommen, auf die man die Ängste zurückführt? Auf eine Minderheit, die hier nichts weiter sucht als Schutz für das eigene Überleben?

Geschürt werden diese Ängste von rechtspopulistischen Gruppierungen, die in ihren Versammlungen und Kundgebungen die Ängste der Menschen benennen und Forderungen aufstellen, wie zum Beispiel vorhandenes Geld zur Abwendung von Not der einheimischen Bevölkerung zu verwenden, anstatt es für die Geflüchteten auszugeben. Aber auch von Politikern werden zum Teil die Forderungen Rechter aufgegriffen. »Das Schlimmste ist ein Fußball spielender, ministrierender Senegalese. Der ist drei Jahre hier – als Wirtschaftsflüchtling. Den kriegen wir nie wieder los.« Worte des CSU Generalsekretärs.

Menschen, die nicht notwendigerweise in rechten Gruppierungen organisiert sind, fühlen sich dennoch durch deren Äußerungen und Forderungen in ihren Ängsten bestätigt und indirekt durch die sozialen Netzwerke dazu aufgefordert, etwas zu tun, auch mit Gewalt. Rechte Gruppierungen wie Pegida oder Parteien wie »Der III. Weg« oder »Die Rechte« zeigen Verständnis für gewalttätige Übergriffe.

Androhungen härterer Bestrafungen führen ins Leere. Eine konsequente Verfolgung der Straftaten wäre ein erster Schritt.

Aber es kann nicht nur um Verfolgung und Bestrafung gehen. Es muss öffentlich gezeigt werden, wie gut die meisten Integrationsbemühungen, gerade auch mithilfe ehrenamtlicher Kräfte, funktioniert hat. Und Geflüchtete dürfen nicht weiter als ein Kostenfaktor dargestellt werden, der anderen Menschen berechtigte Ansprüche vorenthält. Menschen, die hierherkommen und auf Dauer hier leben wollen, werden hier arbeiten, Steuern und Rentenabgaben zahlen.

Doch nicht nur in materiellem Sinne werden wir von ihnen bereichert, sondern auch kulturell. Musik, Theater, die fremdländische Küche, aber auch deren Lebenserfahrungen und Wertvorstellungen können unseren Alltag reicher machen. Wir müssen nur auf sie zugehen, ihnen zuhören, Vertrauen aufbauen.

Schaffen wir das nicht, so werden die vielen Hassäußerungen und Gewalttaten sich wie Sandkörner anhäufen zu Dünen, die über uns hinwegfegen und alles, was schön und lebenswert ist, überdecken.

Ein Zeitzeuge, der den Holocaust überlebt hat, sagte mir einmal, Konzentrationslager seien nicht von heute auf morgen wie Pilze nach einem lauen Herbstregen aus dem Boden geschossen. Viele kleine Dinge seien es gewesen, die sich im Laufe der Jahre aufgetürmt hätten. Das Schlimmste sei der Hass gewesen.

Glossar

Symbole und Codes spielen in neonazistischen und rechten Kreisen eine bedeutende Rolle. Viele dieser Zeichen stammen direkt aus der Zeit des Nationalsozialismus oder aus der nordisch-germanischen Mythologie.

Eine Reihe dieser Symbole und Codes sind strafbar, andere nicht. Hier soll es nicht darum gehen, sie nach strafrechtlicher Relevanz zu klassifizieren, sondern aufzuzeigen, was in rechtsextremen Kreisen als Kennzeichen für Einstellungen verwendet werden.

Symbole
Hakenkreuz

Das Hakenkreuz war das Symbol der »Nationalsozialistischen Deutschen Arbeiterpartei« (NSDAP) und deren Untergliederungen. Dieses Symbol ist auch in Abwandlungen strafbar.

Keltenkreuz

Auch »White-Power-Zeichen« genannt; es soll die Vormachtstellung der angeblich existierenden »Weißen Rasse« symbolisieren. Strafbar.

SS-Totenkopf

War bereits in der Kaiserzeit Symbol für den kommenden Tod des Feindes; wurde von der »SS« wieder aufgegriffen und stand für den bedingungslosen Einsatz für die Person Adolf Hitlers. Wird in der

Neonazi-Szene leicht verfremdet benutzt, u. a. als Gürtelschnalle oder als Motiv für T-Shirts und Aufnäher. Strafbar.

Schwarze Sonne

Die »Schwarze Sonne« diente im Nationalsozialismus als Sinnbild einer germanisch-nordischen Religion; sie wurde zum Symbol der SS; es kann als zwölfarmiges Hakenkreuz als zwölf Sig-Runen gedeutet werden. Sie ist heute noch ein identitätsstiftendes Zeichen in der Neonazi-Szene. Sie ist zu finden auf Postern, Kleidungs- oder Schmuckstücken; nicht verboten.

Schwert und Hammer

Hammer und Schwert sollen Gemeinschaft zwischen Soldaten und Arbeitern symbolisieren. Hammer und Schwert waren auch das Gaufeldzeichen der »Hitlerjugend«; bedingt strafbar.

Eisernes Kreuz

Während der Zeit des Nationalsozialismus bekam das Eiserne Kreuz, nachdem es 1813 von Kaiser Friedrich Wilhelm III. eingeführt wurde, eine neue Bedeutung. Mit einem Hakenkreuz versehen wurde es als Orden verwendet. Rechtsextremisten tragen es in einer nicht strafbewehrten Form, um einen positiven Bezug zur Wehrmacht als bewaffneter Macht des NS-Regimes herzustellen; mit Hakenkreuz strafbar.

Weiße Faust

Symbol der »White-Power-Skins«; steht für militant-rassistische Grundeinstellung und ist vor allem bei rechtsextremistischen Skinheads beliebt; nicht verboten.

Sig-Rune

Symbol des »Deutschen Jungvolks«; strafbar.

Doppelsig-Rune

Zeichen der »Schutz-Staffel«; strafbar.

Tyr-Rune

Die Tyr-Rune ist ein Kennzeichen einer SS-Freiwilligendivision; Erkennungszeichen der Hitlerjugend und Abzeichen der Reichsführerschulen; strafbar.

Triskele

Die Triskele ist ein altes keltisches Symbol, das in der rechtsextremen Szene als dreiarmiges Hakenkreuz gedeutet wird; nicht verboten.

Lebens-Rune

Im Nationalsozialismus war sie Abzeichen der »NS-Frauenschaft« und des Sanitätsdienstes der SA. Ursprünglich symbolisierte sie in der nordischen Mythologie Leben, Erschaffung, Geburt und Erneuerung; nicht verboten.

Todes-Rune

Sie ist der inhaltliche und bildliche Gegensatz der Lebensrune.

Hagal-Rune

Im Nationalsozialismus wurde die Hagal-Rune unter anderem von der SS verwendet. Sie verbindet die Todes- und die Lebens-Rune. Heute wird sie von religiösen und extrem rechten Organisationen, wie dem Deutsche Bund, verwendet.

Gibor-Rune/Wolfsangel

Symbol von militärischen Einheiten im zweiten Weltkrieg und der Werwolf-Organisation. Ferner auch Zeichen des »Deutschen Jungvolkes«, der späteren Hitlerjugend; strafbar.

Odal-Rune

Die Odal-Rune war in der Zeit des Nationalsozialismus unter anderem Emblem des »Rasse- und Siedlungshauptamtes«. Ursprünglich stand sie für »festes Eigentum, ererbter Besitz«. Die später verbotene »Wiking-Jugend« benutzte sie als Identifizierungszeichen. Verboten ist das Tragen dieser Rune nur im Zusammenhang mit der »Wiking-Jugend«, ansonsten nicht strafbar. Sie ähnelt dem Dienstrangabzeichen eines Hauptfeldwebels bei der Bundeswehr; strafbar als Kennzeichen des Bundes Nationaler Studenten.

Blood and Honour

»Blut und Ehre« waren die eingravierten Worte auf den Fahrtenmessern der Hitlerjugend. Außerdem stellten sie einen Bezug her zu den Nürnberger Rassegesetzen, die in vollem Wortlaut »Gesetz zum Schutz des deutschen Blutes und der deutschen Ehre« hieß.

Blood and Honour, eine weltweit aktive Organisation, versucht Menschen durch Musik an die rechtsextreme Szene zu binden. Die »Blood and Honour Division Deutschland« ist seit dem Jahr 2000 verboten.

Heimattreue Deutsche Jugend e. V. (HDJ)

Rechtsextremer Jugendverband mit neo-nazistischer Ausrichtung; Nachfolger der 1994 verbotenen »Wiking-Jugend«; seit 2009 verboten; strafbar.

Flaggen

Flaggen werden, besonders bei Demonstrationen, von Mitgliedern der rechten Szene gerne mitgeführt. Aber auch im privaten Raum dienen sie als Wandschmuck.

Reichskriegsflagge

Die Reichskriegsflagge gibt es in mehreren Ausführungen. Bei öffentlichen Kundgebungen werden in der Regel die aus der Kaiserzeit mitgeführt, da das Zeigen dieser Flagge nicht strafbar ist. Die Reichskriegsflagge aus der Zeit des Nationalsozialismus ist hingegen strafbar, da dort das Hakenkreuz abgebildet ist.

Hakenkreuzflagge

Die Hakenkreuzflagge war ab 1920 das Symbol der NSDAP. Nach der Machtergreifung Hitlers 1933 wurde sie zunächst noch zusätzlich zu der Flagge des Kaiserreiches verwendet. Nach dem Erlass des Reichsflaggengesetzes vom September 1935 als National- und Handelsflagge.

Zahlen- und Buchstabencodes

Mit bestimmten Zahlen- und Buchstabencodes werden in der rechtsextremen Szene entweder verbotene Parolen ausgedrückt oder sie stehen für verbotene Organisationen. Mit dieser Codierung wird eine Strafbarkeit bewusst umgangen.

Hier nun die wichtigsten Codes; die Zahlen stehen für die jeweilige Position des Buchstabens im Alphabet.

18   »Adolf Hitler«

88   »Heil Hitler«; zählt man die Buchstaben des Alphabets von hinten, bedeutet diese Kombination »SS«

84   Heil Deutschland

28   »Blood and Honour«

74   »G« und »D« für Großdeutschland

124   »Ausländerbefreites Deutschland«

444   »Deutschland den Deutschen«

1919   »SS«

19/8 »Sieg Heil«

192 »Adolf is back«

146 »Auf den Führer«

4/20 »20. April – Hitlers Geburtstag«

C 18 »Combat 18/Kampfgruppe Adolf Hitler« – internationale rechtsextremistische Struktur, wurde in Zusammenhang mit terroristischen Aktivitäten gebracht.

Verbotene Grußformeln

- Hitlergruß – ausgestreckter rechter Arm
- »Heil Hitler«
- »Sieg Heil«
- als briefliche Grußformel: »Mit deutschem Gruß«
- »Kühnengruß« – ausgestreckter rechter Arm mit abgespreiztem Daumen, Zeige- und Mittelfinger
- »Blut und Ehre«
- »Meine/unsere Ehre heißt Treue« (Losung der SS)
- »Ein Volk, ein Reich, ein Führer« (Parteilosung der NSDAP)
- »Deutschland erwache« (Losung der SA)

Kleidungsmarken

Neben Symbolen und Codes sind es gerade auch Kleidungsmarken, die ein gemeinsames Erkennungszeichen in der rechtsextremen Szene sind.

CONSDAPLE

Bei dieser Buchstabenkombination im Markennamen ist »NSDAP« verborgen. Daher ist diese Marke eindeutig der rechtsextremen Szene zuzurechnen; darf nicht öffentlich getragen werden.

Thor Steinar

Thor Steinar ist die meistgetragene Bekleidungsmarke in der rechten Szene; sie ist weltweit verbreitet; rechtlich ist das Markenzeichen umstritten.

ERIK AND SONS

Diese Marke orientiert sich stark an der Mode von Thor Steinar; sie ist in der Szene ebenso gefragt und beliebt; nicht verboten.

MASTERRACE EUROPE

Hier gibt es einen ideologischen Bezug zum Rechtsextremismus (Herrenrasse); diese Marke ist in der Szene sehr beliebt, gerade auch als Arbeitskleidung; nicht verboten.

Doberman

Die Marke Doberman ist durch ihre Namensgebung und das Motiv (Kampfhund und Gewaltaffinität) sowohl bei Rechtsextremisten als auch bei Hooligans sehr beliebt.

Ansgar Aryan

»Ansgar Aryan« orientiert sich ebenfalls in Form und Schnitt am Stil von »Thor Steinar«, daher in der Szene beliebt.

H8wear

Dieser Name kann als »Hate (H-eight) wear« (Hasskleidung) gelesen werden. Diese Kleidermarke ist verboten.

Hermannsland

Die Marke »Hermannsland« wurde von dem Sänger der inzwischen verbotenen Band »Landser« entworfen. Das Logo zeigt ein stilisiertes Wikingerschiff.

Bomberjacke

Die Bomberjacken sind eine Nachbildung der winddichten Jacken der US-Bomberpiloten im Zweiten Weltkrieg. Sie sind deswegen besonders in der rechten Szene beliebt, weil sie durch ihren Schnitt ein breites Kreuz vortäuschen.

Doc Martens/Springerstiefel

Die englische Schuhmarke, traditionelle schwere Arbeiterschuhe mit Stahlkappen, haben sich in der Skinhead-Szene durchgesetzt. Die Stahlkappen wurden als Waffen benutzt. Weiße Schnürsenkel sind das Zeichen für »White Power«.

Gruppierungen und Organisationen

Zur besseren Wiedererkennung haben die meisten Gruppierungen und Organisationen ein Logo, in dem sich auch der Name zumindest als Abkürzung befindet. Man findet sie auf Flugblättern, Aufklebern, Plakaten, Aufnähern und anderen Werbeträgern.

NPD

»Nationaldemokratische Partei Deutschlands« (NPD) ist die bekannteste rechtsextreme Partei in der Bundesrepublik. Die Zielvorstellungen dieser Partei weisen deutliche Merkmale auf, die den demokratischen und rechtsstaatlichen Grundsätzen des Grundgesetzes widersprechen.

JN

»Junge Nationaldemokraten« (JN) ist die offizielle Jugendorganisation der »NPD«.

Die Rechte

Die Partei »Die Rechte« wurde 2012 gegründet. Ihre Mitglieder setzen sich wesentlich aus dem Spektrum neonazistischer Aktivisten zusammen. Hier versammeln sich auch Menschen, die Mitglieder in verbotenen Vereinigungen waren.

Der III. Weg

Die Partei »Der III. Weg« wurde 2013 von ehemaligen Mitgliedern der »NPD« in Nürnberg gegründet. Ihren Hauptsitz hat sie in Bad Dürkheim/Rheinland-Pfalz. Sie breitet sich bundesweit in verschiedenen Stützpunkten aus. Es gibt starke personelle Verflechtungen mit der neonazistischen Szene.

PEGIDA

»Patriotische Europäer gegen die Islamisierung des Abendlandes« (PEGIDA) wurde Ende 2014 gegründet. Diese Organisation richtet sich nach eigenen Angaben vornehmlich gegen »Salafismus«; gibt sich nach außen hin bürgerlich, weist aber aufgrund der Mitgliederstruktur eindeutige rechtsextreme Merkmale auf.

Identitäre

Die »Identitäre Bewegung« besteht aus einem Netz lose verbundener Gruppierungen in verschiedenen europäischen Ländern. Hinter dem Begriff »Identität« verbirgt sich der Rassismus, der in dieser Bewegung stark ausgeprägt ist. Die Bewegung hat sich dem Kampf gegen Masseneinwanderung und Islamisierung verschrieben. Sich selbst bezeichnet sie als eine patriotische Jugendorganisation. Wegen ihrer völkisch-rassistischen und antidemokratisch geprägten Ideologie wird sie vom Verfassungsschutz beobachtet.

Bewegung Hammerskins

Die »Hammerskins« sind eine internationale Neonazi-Skinhead-Bewegung. Sie haben ein elitäres Selbstverständnis und sind paramilitärisch ausgerichtet. Ihr Symbol befindet sich auf den Titelseiten verschiedener einschlägiger Magazine, auf CD-Covern, Transparenten und Aufnähern. Diese Symbole dürfen nicht unautorisiert verwendet werden, sie sind in erster Linie Mitgliedern vorbehalten.

Musik

Musik gilt nicht nur als Einstiegsdroge in die Neonazi-Szene.
Rechtsrock wird ganz bewusst von entsprechenden rechtsextremen Organisationen und Gruppierungen genutzt und eingesetzt, um neue Menschen für die Bewegung zu begeistern. Da sind es oft zunächst die Töne, die Klänge, die den Zuhörern/Konzertbesuchern unter die Haut gehen sollen. In einem zweiten Schritt sind es dann die Inhalte, die Texte, die gesungen, gerappt oder gegrölt werden.
Die Musik dient aber auch dazu, Geld zu verdienen, um damit den Kadern vor Ort sichere Jobs zu finanzieren. Durch den Verkauf nicht nur von CDs, sondern auch anderen Fanartikeln wie T-Shirts, Fahnen, Postern oder Buttons werden jährlich Millionenumsätze gemacht.
Hier soll nun eine kleine Auswahl von Bands vorgestellt werden:

Sturmwehr
Sturmwehr ist eine der bekanntesten Rechtsrockbands. 1993 wurde sie in Gelsenkirchen gegründet. Musikalisch ist sie sehr professionell; politisch tendiert sie zum Nationalsozialismus.

Störkraft
Die 1985 gegründete Rechtsrockband war in ihrer Zeit eine sehr bekannte Gruppe in der rechten Szene. Mitte der 90er-Jahre löste sich die Band auf. Ihre Lieder, die im Internet abrufbar sind, werden auch heute

noch in der rechten Szene gehört. Die Liedinhalte sind eindeutig fremdenfeindlich.

Endstufe

Die derzeit älteste Rechtsrock-Band wurde 1981 in Bremen gegründet. Von den etwa zwanzig Veröffentlichungen wurden nach Angaben der Band über 100.000 Exemplare verkauft. Einige der Alben stehen auf dem Index. Die Band ist weithin bekannt und bei Live-Auftritten zieht sie die meisten Besucher an. Ihre Liedtitel »Gewalt« oder »In die Eier« oder die »Skinhead-Hymne« sind gewaltverherrlichend und positionieren die Gruppe klar ins neonazistische Spektrum der Skinhead-Szene.

Gigi und die Braunen Stadt-Musikanten

Gigi, oder mit bürgerlichem Namen Daniel Giese, gleichzeitig auch Sänger der Band »Stahlgewitter«, textet für die »braunen Stadtmusikanten« bekannte Schlager um und versieht sie mit rechtsextremen Texten. So machte er aus dem Lied aus der Zeit der Friedensbewegung »Was wollen wir trinken« den Text »Was wollen wir singen«, in dem rechte Gewalt verherrlicht wird, oder den »Anton aus Tirol« zum »Bitterbösen aus Braunau«. Zwei der drei veröffentlichten CDs stehen auf dem Index: »Braun ist Trumpf« und »Adolf Hitler lebt«. Die Band spielte auch bei NPD-Veranstaltungen.

Landser

Diese Band war Zeit ihres Bestehens eine der bekanntesten und wichtigsten Nazibands in Deutschland. Bis heute hält ihr Kultstatus an. Um hiesige Kontrollen zu umgehen, produzierten sie ihre CDs in den USA, von dort wurden sie nach Holland geliefert und von Holland nach Deutschland geschmuggelt.

»Hurra, das Asylheim brennt«, ist einer ihrer Songs. Mit ihren Liedern verherrlichen sie gezielt den Nationalsozialismus, stacheln zu Rassismus und Antisemitismus an. Es ist bekannt, dass junge Menschen, nachdem sie sich mit Landser-Liedern aufgeputscht hatten, anschließend rechtsextreme Straftaten begangen haben, zum Beispiel den Mord an Farid Guendoul aus Guben.

Nordwind

Nordwind ist eine deutsche Rechtsrockband, die 1994 in Nürnberg gegründet wurde. Obwohl die Band sich von Vorwürfen des Rechtsextremismus distanziert, ist sie auf einigen Schulhof-CDs der NPD vertreten. Insbesondere wurden sie in den Anfangsjahren mit nationalistischen Liedern bekannt, zum Beispiel mit dem Song »Hand in Hand«:

»Wir marschieren Hand in Hand
Nur für unser Vaterland
Nimmt das Schicksal seinen Lauf
Diesmal hält uns keiner auf!«

Kategorie C

Kategorie C ist, obwohl sie sich als unpolitische Fußball-Rock-Band bezeichnet, eine Hooligan-Band, die auch unter dem Namen »Hungrige Wölfe« auftritt. Der Sänger Hannes Ostendorf sang zeitweise auch für die Rechtsrock-Band »Nahkampf«. 1991 war Hannes Ostendorf an einem Brandanschlag auf ein Bremer Flüchtlingsheim beteiligt.

In ihren Liedern sind eindeutig rassistische Tendenzen zu erkennen. Beispiel aus dem Lied »Deutschland, dein Trikot«:

»Deutschland dein Trikot,
das ist schwarz und weiß,
doch leider auch die Farbe deiner Spieler«.

Außerdem treten sie gemeinsam mit anderen rechtsextremen Bands auf.

Literatur- und Quellenverzeichnis

Wir haben uns bemüht, alle Rechteinhaber ausfindig zu machen, verlagsüblich zu nennen und zu honorieren. Sollte uns dies im Einzelfall aufgrund der Quellenlage bedauerlicherweise einmal nicht möglich gewesen sein, werden wir begründete Ansprüche selbstverständlich erfüllen.

Zitat auf S. 61
Funke, Hajo: aus: Interview Deutschlandradio vom 11. 12. 2015; Thema: »In einem rassistischen Rausch versetzte Menschen – Angriffe auf Asylbewerber«
http://www.deutschlandfunk.de/angriffe-auf-asylbewerber-in-einen-rassistischen-rausch.694.de.html?dram:article_id=339466

Zitat auf S. 7
Gordimer, Nadine: Beste Zitate.de zum Thema »Hoffnung«
http://www.beste-zitate.de/nadine-gordimer/ich-weigere-mich-ohne-hoffnung-zu-sein/

Zitat auf S. 7
Gruen, Arno, Wider den Terrorismus. Klett-Cotta, Stuttgart 2015

Zitat auf S. 19
Malala: Zitat aus: Malalas Rede anlässlich der Verleihung des Clinton Global Citizen Awards am 26. September 2013

Quelle auf S. 166 ff
Flüchtlingszahlen: Jahresbericht 2015 der UNO-Flüchtlingshilfe

Quelle auf S. 168 ff
Todesstrafe und Homosexualität: https://de.europenews.dk/In-10-Laendern-gibt-es-die-Todesstrafe-fuer-Homosexualitaet-79373.html

Deutscher Fußballbund: »Gegen Rechtsextremismus und Diskriminierung. Für Vielfalt und Respekt! Zum Erkennen von Symbolen und Zeichen«; Eigenpublikation des DFB Frankfurt

Ministerium für Inneres und Sport des Landes Mecklenburg-Vorpommern: »Rituale und Symbole der rechtsextremistischen Szene«; Schwerin 2015; Eigenpublikation des Ministeriums

Bundesamt für Verfassungsschutz: »Rechtsextremismus: Symbole, Zeichen und verbotene Organisationen«; Köln 2015; Eigenpublikation des Bundesamts für Verfassungsschutz

Reiner Engelmann wurde 1952 in Völkenroth geboren. Nach dem Studium der Sozialpädagogik war er im Schuldienst tätig, wo er sich besonders in den Bereichen der Leseförderung, der Gewaltprävention und der Kinder- und Menschenrechtsbildung starkmachte. Er ist Autor und Herausgeber zahlreicher Anthologien zu gesellschaftlichen Brennpunktthemen und seit 1969 aktiv bei amnesty international.

Bei cbj ist bereits erschienen:
»Der Fotograf von Auschwitz« (15919)
»Wir haben das KZ überlebt« (17197)

Reiner Engelmann
Wir haben das KZ überlebt – Zeitzeugen berichten

ca. 192 Seiten, ISBN 978-3-570-17197-4

Wer Überlebende des Holocaust trifft, spürt den Abgrund, der sie von anderen Menschen trennt. Sie waren in Auschwitz, Buchenwald, Dachau. Sie haben unsägliches Leid erfahren. Der Tod war ihr ständiger Begleiter. 70 Jahre nach der Befreiung von Auschwitz gibt es nicht mehr viele Zeitzeugen. Umso wichtiger ist es, ihre Erfahrungen für die Nachwelt zu dokumentieren. Im Gedenken an die Toten, aber auch für den Frieden in der Zukunft. Damit sich die Hölle auf Erden nicht wiederholt. Reiner Engelmann hat zehn Zeitzeugen befragt und ihre Erinnerungen für Jugendliche aufgeschrieben. Ein erschütterndes Zeugnis und ergreifendes Mahnmal wider das Vergessen. Und zugleich ein zutiefst bewegendes Plädoyer für das Leben.

www.cbj-verlag.de

Reiner Engelmann
Der Fotograf von Auschwitz

ca. 192 Seiten, ISBN 978-3-570-15919-4

Als Wilhelm Brasse mit 22 Jahren in das Stammlager Auschwitz
eingeliefert wird, ahnt er nicht, dass er als gelernter Fotograf zum
Dokumentarist des Grauens wird. Seine Aufgabe ist es, die KZ-Insassen
zu fotografieren. Menschen, die kurze Zeit später in den Gaskammern
umgebracht werden. Menschen, die von Josef Mengele zu »medizinischen
Experimenten« missbraucht werden und denen die Todesangst ins Gesicht
geschrieben steht. Hätte er die Arbeit verweigert, wäre das sein eigenes
Todesurteil gewesen. Als Brasse 1945 alle Fotos verbrennen soll, widersetzt
er sich, um Zeugnis zu geben von dem unfassbaren Grauen. Der Autor
hat Wilhelm Brasse noch kennengelernt und schreibt sein Leben für
Jugendliche auf. Ein erschütterndes Dokument – gegen das Vergessen.

www.cbj-verlag.de